WESTEND

PHILIPPINUM MARBURG
Herausgeber

2125

Die Zukunft der Menschheit

WESTEND

Mehr über unsere Autoren und Bücher:
www.westendverlag.de

Die Deutsche Nationalbibliothek verzeichnet diese Publikation in der Deutschen Nationalbibliografie; detaillierte bibliografische Daten sind im Internet über http://dnb.d-nb.de abrufbar.

ISBN: 978-3-86489-494-7
1. Auflage 2025

Umschlaggestaltung: Buchgut, Berlin
Satz: Publikations Atelier, Weiterstadt
Druck und Bindung: Friedrich Pustet GmbH & Co. KG,
Gutenbergstraße 8, 93051 Regensburg
Printed in Germany

Inhalt

Was bleibt, wenn alles verschwindet?

Ein Vorwort von Frank Scholze

Diese Frage ist der Ausgangspunkt eines faszinierenden Gedankenexperiments, das Schülerinnen und Schüler des Gymnasiums Philippinum in Marburg in diesem Buch durchspielen. Ihr Szenario – der plötzliche Ausfall des Megarechners, der das gesamte Wissen der Menschheit speichert – konfrontiert uns mit einer radikalen Vorstellung: einer Welt ohne digitalen Zugriff auf Informationen, ohne gespeichertes kollektives Gedächtnis, ohne die vermeintliche Sicherheit der allgegenwärtigen Verfügbarkeit von Wissen.

Die Deutsche Nationalbibliothek ist seit über 100 Jahren der Ort, an dem das kulturelle Erbe unseres Landes gesammelt, bewahrt und zugänglich gemacht wird. Unser Auftrag basiert auf der Überzeugung, dass Wissen nicht nur ein Produkt der Gegenwart ist, sondern auch eine Brücke zwischen Vergangenheit und Zukunft schlägt. Das hier vorliegende Buch zeigt eindrucksvoll, dass diese Brücke fragil sein kann – und dass es letztlich wir Menschen sind, die Wissen bewahren, weitergeben und neu erschaffen.

Besonders bemerkenswert ist, dass sich junge Menschen dieser existenziellen Frage angenommen haben. In ihren Texten entwerfen sie nicht nur Zukunftsszenarien, sondern reflektieren zugleich über die Bedingungen von Wissen, Erinnerung und Innovation. Sie machen deutlich, dass Wissen nicht allein in Datenspeichern existiert, sondern auch und vor allem in Köpfen, Geschichten und Gemeinschaften lebt.

Dieses Buch ist somit nicht nur eine Sammlung von Gedankenexperimenten, sondern auch eine Einladung, über die Grundlagen unseres Zusammenlebens nachzudenken.

Frank Scholze
Generaldirektor der Deutschen Nationalbibliothek
Februar 2025

Darum geht's

Trotz vieler Veränderungen leben die Menschen im Jahr 2125 ähnlich wie heute in der westlichen Welt: Sie gehen zur Arbeit, in die Schule, zur Uni, fahren in den Urlaub. Sie essen, trinken, machen Sport, haben Hobbys. Es gibt nach wie vor diverse Medien, verschiedene Regierungsformen und Politik. Allerdings: Es gibt keine stationären Computer oder Laptops mehr, auch keine Rechenanlagen und keine Festnetztelefone. Stattdessen trägt jeder Mensch ein digitales Endgerät mit sich, das mit einem einzigen Megarechner verbunden ist, auf dem alles Wissen dieser Welt gespeichert ist und von dort jederzeit abgerufen werden kann. Alles, was je geschrieben, gemalt, komponiert, fotografiert, gedreht wurde, ist dort gespeichert und kann von jedem Ort aus jederzeit und von allen Menschen in Bruchteilen von Sekunden auf den Endgeräten abgerufen und bei Bedarf projiziert werden. Das Endgerät dient auch zur Kommunikation untereinander.

Durch neuartige, heute im Jahr 2025 unbekannte Verfahren konnten alle analogen Träger von Informationen (Bücher, Gemälde, Tonträger et cetera) zurückgeführt werden in Biomasse, sie wurden also in ihre natürlichen Bestandteile zerlegt. Dieses Verfahren hat die Menschen lange Zeit vor einem ökologischen Niedergang bewahrt, denn es hat Recycling-Kreisläufe ermöglicht und Rohstoffe gespart. Tutanchamuns Schätze, die Bibel, Shakespeares Romeo und Julia, Beethovens Neunte, van Goghs Sonnenblumen oder Tarantinos Pulp Fiction – alles ist digital über die Endgeräte verfügbar, aber nicht mehr in physischer Form vorhanden.

Im Jahr 2125 kommt es zum Supergau: Durch einen unbekannten physikalischen Effekt fällt im Jahr 2125 der Megarechner aus, weltweit der einzige Rechner, auf dem alle Daten, also alles Wissen aus Tausenden von Jahren, gespeichert sind. Das heißt: Es ist unwiderruflich von einer Sekunde auf die andere verloren. Nur das Wissen in den Köpfen der Menschen steht noch zur Verfügung. Alles digital Gespeicherte hingegen ist weg, ein Rückgriff auf Bücher, Atlanten, Lehrmaterialien, Filme, Musikeinspielungen, Dokumente, Rezepte, Gemälde, CDs, Internet ist nicht mehr möglich. Was passiert, wenn offline das neue Normal ist?

Mit diesem Szenario setzen sich die zu diesem Buch beitragenden Schülerinnen und Schüler des Marburger Gymnasiums Philippinum auseinander. In ihren Texten schildern sie, wie die Menschheit trotzdem überleben kann und sich neu erfindet – und wie das Wissen zurückkehrt. Ein einzigartiges Projekt in Zusammenarbeit mit Marburgs ältestem Gymnasium.

Als wir vom Westend Verlag vor gut zwei Jahren Besuch von einer Autorin bekamen und sie darüber berichtete, dass einige renommierte Bibliotheken weltweit damit begonnen hätten, ihre gesamten Bestände zu digitalisieren, ahnten wir nicht, dass damit eines unserer interessantesten Projekte seinen Lauf nahm. Was wäre, wenn irgendetwas schiefgeht und die digitalisierten Daten – unser Wissen – nicht zugänglich sind oder gar überhaupt nicht mehr existieren? Eine unangenehme Vorstellung, zweifelsohne. Und auch heute ist es ja schon so, jeder kennt es, dass auf dem eigenen Rechner, auf dem eigenen Gerät gähnende Leere herrscht, weil sich mal wieder irgendetwas eingeschlichen hat und man einen versierten Menschen braucht, der das Ganze schnell wieder zum Laufen bringt. Umso mehr, als das Smartphone – oder, wie in unserem Szenario, das mobile Endgerät – viele andere Geräte des

Alltags bereits ersetzt hat: den Wecker, die Musikanlage, Mikrofon, Telefon, aber eben auch das Reisebüro, den Fahrkartenschalter, die Bankkarte, den Schalter am Flughafen, die Buchhandlung, die Tageszeitung, Geduldspiele, Gesellschaftsspiele, Museumsführer, Wegweiser, Landkarten und vieles andere mehr – und dieser Prozess schreitet fort. Machen wir uns also abhängig von einer einzigen Technik, die, wie wir wissen, durchaus störanfällig ist? Kann es da noch ein Recht auf Analoges geben? Einige Verkehrsbetriebe in Deutschland haben ihre Ticketautomaten abgeschafft. Tickets gibt es nur noch als Download, sprich: digital. Was macht man, wenn man sein Handy mal vergessen hat, mal nicht dabeihaben möchte, es sich nicht leisten kann oder es prinzipiell ablehnt? Und was, wenn einfach der Akku leer ist? Wir sind also dazu verdammt, immer Strom in unsere Geräte zu laden. Und dieser Strom muss da sein – produziert und gekauft werden. Es scheint so zu sein, dass wir uns hemmungslos einer Technologie ausliefern, ohne hinreichend die Folgen in allen Dimensionen berücksichtigt zu haben.

Wir alle kennen und schätzen die enormen Vorzüge dieser Technologie, mit den Widrigkeiten und Fährnissen sollten wir uns unbedingt gewissenhaft auseinandersetzen. Dass das auch passiert, dazu leistet dieses Buch hoffentlich einen Beitrag. Das wünschen sich alle an diesem Projekt Beteiligten.

Maria Akselrod

»Aus ›Insta-DM‹ wird Dialog«

Alle Menschen auf der Welt verlassen sich seit vielen Jahren auf die jederzeitige Abrufbarkeit jeglicher Information, jedes Themenbereichs. Möchte man ein neues Kochrezept erlernen, liest man es problemlos auf einer der vielen Millionen Websites nach. Verspürt man die Lust, wandern zu gehen, hat aber keine Ahnung, wohin es gehen soll, ist das mobile Endgerät für einen da und plant die Route. Ob es nun darum geht, sich über neue Sachbereiche zu informieren oder gar das Internet einfach für sich arbeiten zu lassen, ohne etwas für sich selbst daraus mitzunehmen; das mit dem Megarechner verbundene Endgerät gibt dir alles, was du brauchst, zu jeder Zeit.

Und plötzlich fällt alles aus.

Aus unerlässlichen Gründen ist der Megarechner abgestürzt und alle Endgeräte sind nutzlos. Jedes Wissen ist verloren gegangen! Oder etwa nicht?

Was ist mit den Menschen, die sich trotzdem ihr Wissen selbst angeeignet haben? Die, die sich nicht zu 100 Prozent auf die Technik verlassen und, wie schon damals Immanuel Kant predigte, von der eigenen Vernunft Gebrauch machen? Diese Menschen sind nicht verloren. Das in den Köpfen gespeicherte Wissen kann nicht so schnell verschwinden. Wenn jedoch nichts gespeichert wurde, gibt es logischerweise auch nichts zum Abrufen.

Mit ziemlicher Sicherheit wird sich 20 Jahre nach dem großen technischen Ausfall die Gesellschaft in verschiedene Gruppen gespalten haben. Da gibt es die, die sich, wie bereits erwähnt, Informationen unabhängig vom Endgerät gemerkt haben und so imstande sind, eigenständig nötiges Wissen abzurufen. Und dann gibt es noch diejenigen, die in ihrem Alltag dauerhaft das elektronische Ding benutzt hatten, um sich Informationen zu beschaffen. Natürlich wird beides in unterschiedlich starker Ausprägung vertreten sein.

Wie war das noch gleich? »Wissen ist Macht«, hat mal einer behauptet. Demnach müsste sich die Hierarchie der Gesellschaft während dieser 20 Jahre verändert haben. In der Regierung sitzen die, die überhaupt Ahnung davon haben, was Politik ist und was einen funktionierenden Staat ausmacht. Auch Bildungsstätten, also Schulen und Universitäten, müssen mit kompetentem Personal ausgestattet sein. Das schreit doch schon nach Fachkräftemangel. Ein Ungleichgewicht zwischen Menschen, die bilden und Menschen, die Bildung verlangen. Im besten Falle gibt es genug Gebildete aus diversen Fachbereichen, die weiterhin für einen gewissen Bildungsstandard der Allgemeinheit sorgen. Trotzdem wird man um Bildungslücken nicht herumkommen. Wenn man sich darauf verlässt, auf jede Frage innerhalb von Sekunden eine Antwort zu bekommen, ist es ein ziemliches Dilemma, wenn dem nicht mehr so ist. Selbst die Option, im richtigen Buch nachzuschlagen, besteht nicht mehr, da ja alle analogen Datenträger zurück in ihre biologischen Bestandteile zerlegt wurden.

Dort könnte man nun anknüpfen, um das Problem zu bekämpfen. Wissen wieder analog festzuhalten, ermöglicht ein zwar weniger schnelles, aber dafür internetunabhängiges Abrufen von Informationen. Schade ist es natürlich um die Daten, die sich keiner auf der Welt gemerkt hat oder das Wissen, das nicht zurück an die Öffentlichkeit getragen wird. Sie werden wohl für immer verschollen bleiben.

Um auch mal auf die positiven Aspekte der Situation zu sprechen zu kommen, ist sicher, dass die sonst so stumpfe und teilweise scheinbar unpersönliche Kommunikation zwischen den Menschen sich zum Besseren wandelt. Eine schnelle Nachricht über WhatsApp und Co. ist nicht mehr. Aus Insta-DM wird Dialog und aus E-Mail wird Brieftaube. Gut, das Letzte mag vielleicht übertrieben sein, aber trotzdem werden sich die Gespräche von Angesicht zu Angesicht häufen und man wird sich, wenn technisch möglich, wieder die Mühe machen, den selbst geschriebenen Brief mit Briefmarke zu versehen und zur nächsten Poststation zu bringen. Außerdem wird Wissen wertvoll. Da es schwieriger zu erlangen ist und es nicht jeder besitzt, schätzt man nicht nur das Wissen selbst, sondern auch die Menschen, die es haben. Man wird zur Erkenntnis kommen, dass es nicht selbstverständlich ist, leicht an Informationen zu kommen und Wissen viel nützlicher ist, wenn man es im eigenen Kopf hat.

Zusammenfassend lässt sich sagen, dass eine Megadatenbank zwar unglaublich hilfreich sein kann, jedoch nichts mehr bringt, wenn es zu einem Ausfall kommt und jeden unangekündigt im Stich lässt. Wissen ist wichtig und jeder sollte es schätzen, welches erlangen zu können.

Shanaz Bah

»Die einzigen Menschen, die mit mehr Wissen durch die Welt spazierten, waren ganz alte«

Die Menschheit ist verloren. Denn sie haben nichts mehr. Nichts mehr, an dem sie arbeiten können, nichts, worüber sie sprechen können. Das Wissen ist weg und niemand weiß mehr etwas. Bildung ist nun zwecklos. Was soll man unterrichten? Nachdem der Megarechner ausfiel, musste man von neu starten. Auch nach 20 Jahren konnte dieses Wissen nicht wiederhergestellt werden und alles was übrig blieb, waren diese 20 leeren Jahre. In diesen versuchte man, sich durch den eigenen Verstand und durch Dinge, die noch da waren, Zusammenhänge logisch zu erklären. Die Menschheit war nun auf sich selbst gestellt.

Es gab keine KI mehr. Schüler und Studenten, die diese täglich benutzten, hatten diese Möglichkeit nicht mehr. Den achtseitigen Aufsatz, den Praktikumsbericht, die Doktorarbeit oder einen Lebenslauf, alles musste nun ohne eine Maschine, die das alles für einen macht, geschrieben werden. So was wie studieren, funktioniert das überhaupt noch? Nein, weil alles auf bestehendes Wissen zurückgreift. Man musste sich also in den bisherigen 20 Jahren alles neu erarbeiten. Menschen gingen nicht mehr in die Schule, weil man ohne die Grundlage von Büchern, Internet und sonstigen Quellen nichts lernen oder herausfinden konnte. Es gab nichts außer das in den Köpfen der Menschen. Menschen konnten nur durch Erlebnisse lernen und werden nicht gleich mit Wissen über die Steinzeit geboren.

Die einzigen Menschen, die mit mehr Wissen durch die Welt spazierten, waren ganz alte. Menschen, die während wichtigen Ereignissen am Leben waren oder vielleicht sogar an ihnen teilhatten. Aber wie war so etwas nachweisbar? Nur über Vertrauen. Vertrauen ist heutzutage der Schlüssel. Ohne Vertrauen funktioniert nichts. Lücken wurden gefüllt durch Vertrauen und dieses musste erst eigenständig aufgebaut werden. Jeder konnte einfach irgendwas behaupten und keiner wusste, ob es sich dabei um die größte Lüge handelt oder ob es wahr war und es den Menschen helfen könnte. Die Menschen wurden misstrauisch und glaubten nur sich selbst oder Verwandten.

Das Leben hatte keinen Sinn mehr. Sie hatten nichts, woran sie glauben konnten. Ohne die Bibel hatten sie keine Zeugnisse von Gott und es ging ihnen schlecht. Muslime hatten keinen Koran, aus dem sie lesen können und Wissenschaftler kein Wissen. Daraus folgte, dass es viel schwerer für sie wurde, eine richtige Bindung zu ihrer Religion aufzubauen und diese zu vertiefen. Das alles würde zum Krieg führen. Ein Krieg ohne Waffen, aber mit Wissen. Wem kann man glauben, was kann man glauben?

Die Menschheit teilte sich in verschiedene Gruppen auf. Einmal in die »Non-Believers«, die einfach nichts mehr glaubten, was ihnen erzählt wurde; sie glauben nur ihrem Verstand und erschließen sich alles selbst. Auf der anderen Seite gibt es Gruppen von Menschen, die einen Anführer haben. Dieser weiß außergewöhnlich viel und ist deshalb der Mächtigste, meist sind es ältere Personen. Zwischen diesen Gruppen entstanden Konflikte und jede wollte an die Macht, um ihre Position auf der Erde zu vertreten. Die Gesellschaft spaltete sich immer mehr. Konflikte entstanden und es wurde immer schwerer, Entscheidungen für die Gemeinschaft und das Gemeinwohl zu treffen. Die Menschheit war unzufrieden, zersplittert und unkontrollierbar. Die Menschen wussten nicht mehr viel über ihr eigenes Dasein. Es war kein gutes Ende in Sicht.

Es müsse eine Führungsperson an die Macht, um sich um das Wissen zu kümmern. Diese Person müsste dafür sorgen, dass alles sicher gespeichert wird. Dann müsste man anfangen, einen Wissensrat zu organisieren, der sie dabei unterstützt. Doch wie sollte man ohne Wissen und Erfahrungen bestimmen, wer für so eine wichtige Position geeignet ist?

Kristin Becker

»Der Ausfall sorgte für das Zusammenwachsen auf internationaler Ebene«

In den ersten Stunden nach dem Ausfall hoffte man darauf, dass es sich um einen kurzen technischen Fehler handelte, der bald behoben wäre. Mit den weitreichenden Folgen, die dieser Ausfall für die Menschheit verursachen würde, hatte man zu diesem Zeitpunkt noch nicht gerechnet. Den Ausfall bezeichnete man später als den »großen Zap«.

Bereits nach kurzer Zeit war klar, dass der Schaden irreversibel war. Als die ersten 24 Stunden vergangen waren, einigten sich viele der Regierungen darauf, weltweit ein Gipfeltreffen zu veranstalten, um zu diskutieren, wie man mit der Situation umgehen und wie man 13 Milliarden Menschen mitteilen soll, dass ihr technischer Fortschritt und das über Generationen angesammelte Wissen nun in die Jahre vor Christus zurückgesetzt worden ist. Aufgrund der fehlenden Kommunikationsmittel wurden Außenminister und andere Verantwortliche zu den jeweiligen Regierungen der Weltmächte entsandt, um dort ein Treffen auszuhandeln.

Bei dem Gipfeltreffen war man sich einig, dass die Verkündigung nicht länger warten könne, um das Ausbrechen von Massenhysterien zu verhindern. Der Vorsitzende des vereinten Länderrates rief dazu auf, in den Städten, Gemeinden und Ortschaften der gesamten Welt Informationsveranstaltungen zu organisieren. Wie man mit dem Konflikt umgehen würde, sei nun die Verantwortung der Staatsregierungen und würde vorerst nur Lösungen auf nationaler Ebene vorsehen, um eine schnellere Einigung und Umsetzung von Maßnahmen zu ermöglichen. Um die Bevölkerung zu informieren, wurde in allen Städten und Ortschaften eine Nachrichtenkette gestartet, bei der jeder Bürger seine Nachbarn und Familie informieren sollte. Erst danach könne man sich auf ein internationales Abkommen einigen, so der Vorsitzende der Vereinten Nationen.

Seit dem Ausfall des Megarechners waren 78 Stunden vergangen, als sich die Nachricht weitgehend verbreitet hatte. Die Reaktionen waren unterschiedlich. Während ein kleiner Teil der Gesellschaft, Nostalgiker, erleichtert über die Pausierung des technischen Fortschritts und des ständigen digitalen Drucks war, ging Entsetzen durch den Rest der Bevölkerung. Die Auswirkungen trafen auf jeden Teil der Gesellschaft zu und betrafen jeden Bereich von Industrie, Wirtschaft bis Kultur und Bildung. Musiker, Autoren und Historiker waren vorübergehend arbeitslos, die Kinos pleite, Forscher versuchten, die Grundlagen ihrer Arbeit zu reproduzieren, Social-Media- und Presse-Firmen mussten sich auflösen und die Universitäten und Schulen waren ratlos, wie man den Unterricht für Studenten und Schüler ohne das notwendige Wissen und die notwendigen Arbeitsmaterialien nun fortführen sollte. In den folgenden Monaten entwickelten große Teile der Gesellschaft zusätzlich Entzugserscheinungen und Depressionen, ausgelöst durch existenzielle Ängste und den Verlust des Zugangs zu digitalen Geräten. Die Regierungen beauftragten, Informationen zu Alltagsthemen auf die neu errichteten schwarzen Bretter zu schreiben und zu malen, um den Bürgern einen Zugang zu wichtigen Informationen zu gewähren. Dazu gehörten »Grundlagen der Ersthilfe«, »Wie koche ich richtig?« oder auch »Haushalt und -wirtschaft«. Forscher aus aller Welt organisierten Treffen, in denen die Grundlagen der Mathematik, Physik, Biologie, Informatik und Chemie zusammengetragen wurden. Das Ergebnis waren überarbeitete und bessere Versionen, Antworten, die man seit Jahren suchte und nun dank internationaler Zusammenarbeit finden konnte. Es wurden Kleinkunst-Abende und Kulturprogramme erstellt und gefördert; das Interesse an Live-Musik wuchs, die ersten Print-Zeitungen und Bücher seit über 80 Jahren kamen auf den Markt, indem man die veraltete Technik und Materialproduktionen wiederaufleben ließ. Dazu wurden Fabriken und Produktionsmittel genutzt, welche seit der Digitalisierung noch nicht beseitigt worden waren. Durch die verringerten Mittel war die Produktionsmasse und -geschwindigkeit allerdings deutlich langsamer im Vergleich zum frühen 21. Jahrhundert.

Ein Jahr ist nun vergangen; die ersten Babys wurden geboren, die ohne das vollständige Wissen, das über Generationen angesammelt wurde, aufwachsen würden. Die neue Generation nannte man die »Zap-Generation«.

Drei Jahre später, 2129: Das nächste Jahrzehnt würde bald anbrechen und die später als »Reset-20er« bezeichneten Jahre beenden. Unwiderrufliche Schätze wie Gemälde, Musik, Filme und Theater konnten nur reproduziert, nicht aber ersetzt werden. So gab es nun Harry Potter als Neuauflage in Buchform und auf DVD zu kaufen. Ein neuer Verlag hatte sich international einen Namen gemacht und brachte »How-to«-Bücher in 80 Sprachen heraus, die weltweit Bestseller wurden. Auch Literatur und Geschichte ließen sich lückenhaft wiederherstellen. Auf internationaler Ebene hatte man sich inzwischen darauf geeinigt, Stiftungen und Förderprogramme aufzubauen sowie psychologische Unterstützung anzubieten. Aus einer in sich gekehrten Gesellschaft hat sich inzwischen ein sozialeres Miteinander entwickelt, und die Kommunikationsfähigkeiten der Menschen verbesserten sich laut aktueller Studien zu dieser Zeit enorm. Die Forschung war nach kurzer Zeit wieder auf einem guten Stand, da genug Menschen ihr Wissen zusammentragen konnten. 2130, nach der Jahrzehntwende, wurde bekanntgegeben, dass IT-Experten den Megarechner reparieren und die Cloud wieder nutzbar machen konnten – allerdings ohne das zuvor gespeicherte Wissen. Stattdessen gelang es, das zugrunde liegende Prinzip der Cloud-Funktionalität erneut herzustellen.

Es wurde sich allerdings darauf geeinigt, nicht alles Analoge wieder zu zerstören und die Cloud nur als Back-up-Möglichkeit zu nutzen, um eine erneute Katastrophe in diesem Ausmaß verhindern zu können. Die Frage blieb nun, wie man einen erneuten Ressourcenmangel verhindern könnte, um der wachsenden Bevölkerung eine zukunftssichere Welt zu schaffen.

2145, 20 Jahre nach dem großen Zap: Eine neue Ära des Films, der Literatur, Musik und Kunst konnte in das Archiv geladen werden. Eine vom Vorsitz des Vereinten Länderrats beschlossene Lösung war die Eröffnung von Museen, in denen kulturelle Werke präsentiert wurden und das Fortführen des analogen Festhaltens von unersetzlichem Kulturgut wie Film, Musik und Literatur. Von bildungs- und forschungsbasiertem Wissen, das von Doktoren und Professoren jederzeit aufgearbeitet werden kann, soll es nur eine analoge Kopie geben, die mit der Datenbank des Megarechners synchronisiert werden würde.

Um die Zufriedenheit der Bevölkerung mit dieser Entscheidung zu beurteilen, führte man Umfragen durch. Ziel war herauszufinden, ob die Menschheit sich für oder gegen eine erneute Digitalisierung ausgesprochen hätte. In die Befragungen bezog man vor allem die Zap-Generation mit ein. Ein 13-jähriges Mädchen aus Madrid gab an, dass es ungewohnt sei, keine Fotos mehr anfassen zu können, keine echten Bilder oder Bücher mehr zu besitzen. Zum ersten Mal seit Hunderten von Jahren wuchs die jüngere

Generation nicht mit Fortschritt, sondern mit einem Rückschlag der seit Jahrtausenden fortlaufenden Entwicklung auf. Dadurch war erstmals eine neue Generation von einer veralteten Perspektive geprägt.

Andere Befragte äußerten, dass man sich an das entdigitalisierte Leben gewöhnt hätte und nun aus einem anderen Blickwinkel die Medien betrachte. Befragte Experten und Historiker erklärten, dass die Menschheit seit Anbeginn ihre Geschichte, ihr Wissen und ihre Kultur durch Aufzeichnungen für die Nachwelt bewahrt hat. Die Menschen seien vielfältig und kreativ, und es sei erwiesen, dass diese einzigartigen Ausdrucksformen nicht durch Datenbanken ersetzt werden können. Ein amerikanischer Musiker sagte, dass es in den letzten 20 Jahren so viel mehr Leben und Kreativität gegeben habe wie seit Jahren nicht mehr. »Alt und Jung gingen in den Austausch über Vergangenes. Es wäre eine Schande, das erneut zu verlieren.« Das Leben 20 Jahre nach dem Ausfall des Megarechners galt und gilt bis heute neben dem Ausbruch des Corona-Virus und der abgewehrten KI-Bedrohung als eine, wenn nicht sogar die größte Katastrophe seit der Jahrtausendwende. Der Ausfall öffnete allerdings auch der Bevölkerung die Augen und sorgte für das Zusammenwachsen auf internationaler Ebene.

Leni Benthin

»Ein Segen, dass wir nun endlich alle einer Meinung sind«

Liebe Leserschaft!

Die in den letzten Jahren häufig aufkommende Frage, ob der Ausfall des Megarechners tatsächlich ein so fatales Ereignis war, wie manche behaupten, werden wir heute in einem ganz neuen Licht betrachten. Darüber hinaus beschäftigen wir uns mit der Frage: Schicksal oder Manipulation, war es wirklich Zufall?

Es ist mehr als 20 Jahre her, dass der Rechner ausfiel. Jeder, der alt genug ist, um sich zu erinnern, weiß, wo er in dieser Nacht war. Der Moment, in dem die Bildschirme dunkel wurden, wird niemals aus den Köpfen verschwinden.

Dem schnellen Handeln der genialsten Köpfe der Welt haben wir es zu verdanken, dass wir heute im Internet im Austausch stehen können, um darauf zurückzublicken. Obwohl der Rechner nur 21 Minuten ausgefallen war, wurden wir mit dem Verlust des gesamten menschlichen Wissens konfrontiert. Da jedoch die Staaten den Ernst der Lage durchblickten, wurden in Windeseile alle möglichen Experten nach Schottland eingeflogen, um den Rechner an seinem Standort mit neuen Informationen zu füttern. Das wurde durch den Minister von Woob angekurbelt, der alle Oberhäupter der Staaten zusammentrommelte, indem er seine Männer schickte, sie einzuladen. Inzwischen ist unser Wissensstand wieder recht gut aufgefüllt. So wissen wir beispielsweise mit Sicherheit, dass die Menschen nie im All waren. Hierbei handelt es sich um ein Märchen. Genauso wie die Theorie von Dinosauriern, welche vor Millionen von Jahren die Aliens getroffen haben sollen. Es ist jedem bewusst, dass die Dinosaurier nie existierten. Obwohl ein paar Leute der früheren Generation behaupteten, Dinosaurier seien real und Menschen seien im All gewesen, steht auf all unseren Servern, dass dies gar nicht sein kann. Ich persönlich lausche dennoch gerne den Geschichten meiner Mutter, wenn sie mal wieder über Astronauten fantasiert.

Doch war der Verlust unseres Wissens wirklich so fatal? In den letzten Jahren wurden einige Stimmen immer lauter, welche den Ausfall als ein Geschenk Gottes betrachteten. Der Menschheit wurde ein Neuanfang geschenkt. Jedoch mit einer kleinen Starthilfe, denn alles in den Köpfen vorhandene Wissen wurde bewahrt. Und was in den Köpfen ist, ist bekanntlich das Wichtigste. Die Menschheit durfte sich beweisen – und dies hat sie sehr gut gemeistert. Nach ein paar wenigen Startschwierigkeiten, da ältere Generationen das übertragene Wissen angezweifelt hatten, sind diese Stimmen jedoch verstummt. Gut so, sie hätten eh keine Chance gehabt – es steht im Internet schwarz auf weiß. Selbst ich weiß, wie absurd die Vorstellung von gleich zwei Weltkriegen ist – die Menschen hätten doch schon nach einem Mal keine Lust mehr gehabt, oder? Die Lieblingsverschwörungtheorie meiner Eltern ist die einer runden Erde, obwohl wir alle wissen, dass es im Internet anders steht. So halten sich diese Märchen und werden wohl erst mit der Generation unserer Eltern aussterben.

Man könnte den Ausfall also insofern als einen Segen bezeichnen, dass wir nun alle einer Meinung sind – unsere Eltern ausgenommen. Jedoch ist Dankbarkeit ihrer Generation gegenüber trotzdem angebracht, denn allein ihnen ist die Wiederherstellung sämtlicher Agrarwirtschaft und Industrie zuzuschreiben. Nur dank ihnen konnte die Produktion bald mehr oder weniger weiterlaufen. Wenn ich ehrlich bin, hätte ich ohne sie vermutlich nicht überlebt – in mir steckt ein wahres Faultier.

Ich habe gehört, dass andere anders damit umgegangen sind. Die Inder sollen einen ganzen Tag lang meditiert haben, wobei sie kein einziges Mal geatmet haben! Das weiß ich von einem Inder selbst, er hatte in einer Kommentarspalte darüber gepostet.

Was allerdings schwer wiegt, ist laut meiner Mutter der Verlust ihrer alten Musik. Ebenso ist meine Mutter der festen Überzeugung, dass der Absturz der Rechner Absicht war. Mütter und ihre Ängste manchmal … Sie ist überzeugt, dass irgendwer uns manipulieren wollte. Obwohl ich diese Angst durchaus verstehe, vor allem in Anbetracht der Tatsache, dass wir dem Wissen der anderen blind vertrauen mussten. Allerdings sind Dinge, die im Internet zu finden sind, vertrauenswürdig. Ich spreche aus Erfahrung, wenn ich sage, dass ich mithilfe meines Wissens aus dem Internet die Existenz von Marsmännchen beweisen konnte. Dadurch, dass immer noch weder der Ablauf noch die Ursache des Ausfalls bekannt sind, fühlen sich Anhänger dieser Theorie bestärkt. Doch das ist nicht realistisch – denn haben nicht alle großen Mächtigen zusammengearbeitet, um das Wissen wiederherzustellen? Gewiss haben sie ihr Wissen nach bestem Verständnis versucht weiterzugeben – kleine Fehler sind ja entschuldbar. Doch die Verschwörungstheoretiker gehen von einem bösartigen und absichtlichen Verschleiern und Verleugnen des Wissens aus. Die Frage, wer denn von so etwas profitieren könne, beantworten sie entschieden mit »Die Regierung«. Tatsächlich weiß ich gar nicht genau, wer die aktuelle Regierung ist, dazu steht nichts auf Social Media.

Also, liebe Leser, ich hoffe, der heutige Artikel war informativ und ihr konntet euch ein wenig weiterbilden.

Euer
Mahrrkh-Uhwö

Frauke Böckner

»Eine Wiedergeburt, nach der man viele Fehler aus der Vergangenheit verbessern kann«

Der Ausfall des Rechners bewirkte im ersten Moment nicht viel. Die Menschen gingen davon aus, dass es sich um ein technisches Problem handelt, welches nach kurzer Zeit wieder behoben wird. Nach den ersten drei Stunden fingen manche an, sich zu sorgen. Nach 24 Stunden waren die Straßen voller Menschen, die hektisch umherliefen und verzweifelt nach Lebensmitteln und Produkten suchten, die sie brauchen könnten, aus Angst, für die nächsten Tage keinen Vorrat zu haben. Für viele fühlte es sich an, als ob ihr Leben zerstört wäre, als würden sie alle bald sterben. Man vergaß, dass es auch ein Leben mit weniger Technik und weniger Wissen geben kann, weil sich die meisten Menschen schon so sehr an den Megarechner gewöhnt hatten. Augenzeugen berichten, die Menschen nahmen keine Rücksicht aufeinander und verhielten sich zum Teil wie hungrige Tiere.

Durch den Systemausfall gab es keine Möglichkeit für die Regierung, die Menschen zu kontaktieren, um sie zu beruhigen. Deshalb entsandten sie 48 Stunden später Menschen, die als Botschafter galten. Sie hatten die Aufgabe, die Menschen zu beruhigen. Viele beruhigten sich wieder, da sie sich durch die Botschafter nicht mehr allein und verlassen fühlten. Es gab ein starkes Vertrauen in die Politik, weshalb sie den Worten der Politiker, dass alles gut wird, Glauben schenkten.

Jetzt, 20 Jahre nach diesem tragischen Vorfall, hat sich einiges verändert. Aus Vorsorge, nicht weiteres wichtiges Wissen zu verlieren, mussten die Menschen, vor allem Doktoren, Wissenschaftler, Forscher und so weiter, alles aufschreiben, doch das war nur möglich, indem man Papier wieder wie ganz am Anfang der Menschheit nach vielem Rumprobieren mit eigenen Händen herstellte. Dementsprechend wurden diese Menschen als sehr wichtig angesehen. Sie bekamen dadurch aber keinen Vorteil im Leben, da es der Regierung wichtig war, die Gerechtigkeit zu erhalten, damit sie das Vertrauen der Bevölkerung nicht verlieren. Dennoch ist die Rede davon, dass es bald eine große Preisverleihung mit Preisgeld geben soll, für die Menschen mit viel Wissen, weil sie wenigstens kleine Teile von dem, was verloren ging, bewahren konnten und dementsprechend für ihre Arbeit belohnt werden sollen.

Dennoch konnte damit nur ein kleiner Teil des Verlusts aufgearbeitet werden. Die unzähligen verlorenen Dokumente können nicht wiederhergestellt werden. Deshalb setzten sich die Lehrer schnell zusammen und erarbeiteten einen Lehrplan für die Schüler. Dabei nutzten sie das Wissen aus ihrem Studium, welches sie im Kopf hatten, und ihren Verstand. Die Regierung mischte sich dabei nicht ein, da die Lehrer sich in diesem Bereich durch ihre Ausbildung am besten auskannten. Allerdings entstand dadurch in jeder Region ein unterschiedlicher Lehrplan, weil viele Lehrer andere Schwerpunkte beschlossen. Daher ist die Bildung schon seit ein paar Jahren nicht einheitlich, aber die Regierung hat der Bevölkerung versprochen, dies zu ändern.

Viele Menschen fingen an, von Herzen zu beten. Sie hielten sich nicht an alte Texte und Vorschriften, sie nutzten ihr Herz und den jetzigen Moment.

In der Medizin wird vor allem wieder viel Wert auf praktische Arbeit gelegt. Angehende Mediziner folgen den Ärzten auf Schritt und Tritt, um möglichst viel Wissen zu sammeln und dies auch direkt auf dem neu hergestellten Papier zusammenzufassen und aus ihm Bücher zu erstellen. Es wird zur Pflicht, dass alles, was die Menschen Neues lernen, entdecken oder erforschen, auf Papier geschrieben werden muss.

Auf die Technik vertrauen die Menschen nicht mehr.

Die meisten Produkte konnten weiterhin produziert werden, da auf jeder Verpackung eine Angabe mit allen Stoffen oder Lebensmitteln steht. Diese werden von den einzelnen Firmen nun auch wieder schriftlich auf einem Blatt Papier festgehalten. Allerdings kam es zu einigen Fehlproduktionen, da man die genaue Anleitung für die Zubereitung nicht mehr hatte und die meisten Firmen lange daran arbeiten mussten, bis sie genau dasselbe Produkt wie vorher hatten. Das brauchte viel Zeit und sorgte dafür, dass die meisten Menschen lange Zeit nur von natürlichen Produkten aus der Natur, wie zum Beispiel Obst und Gemüse aus dem Garten, lebten. Dabei entdeckte man, dass sich die Gesundheit der Menschen teilweise verbesserte, da die natürlichen Produkte oft gesünder sind als die stark verarbeiteten, die es für einen langen Zeitraum vorher gab. Lokale Märkte und Geschäfte wurden beliebter, da die Menschen nicht im Netz einkaufen konnten.

Die Bevölkerung konnte in den ersten Tagen nach dem Systemausfall nicht mit ihren Familien kommunizieren, also fingen sie schnell damit an, Briefe zu verschicken. Das belastete allerdings die Post, die jahrelang nur noch auf Pakete ausgelegt gewesen war. Hier kam es zu einer Reform. Auch wenn ein Brief von Berlin nach Rom aufgrund der Überlastung drei Monate brauchte, kam er irgendwann an. Mit der Zeit wurde ein schnelleres System entwickelt, was die allgemeine Grundstimmung der Menschen verbesserte, da sie wieder regelmäßig in Kontakt mit ihren Liebsten treten konnten.

20 Jahre später haben einige Länder wieder alte mobile Geräte eingeführt, die manche Menschen noch von ihren Urgroßeltern als Erinnerung zu Hause hatten. Die Geräte mussten sie kurzzeitig auf einen Aufruf der Regierung hin abgeben. Sie wurden auseinandergenommen und untersucht, um ähnliche Produkte zu produzieren. Diese sind allerdings äußerst teuer, weil die Regierung das eingenommene Geld in die Forschung steckt, um einen Weg zu finden, alles zu ersetzen oder vielleicht sogar wiederherzustellen. Wie das geschehen soll, ist den meisten Menschen ein Rätsel. Viele sind der Meinung, dass die Regierung es selbst nicht weiß. Weshalb das Vertrauen in die Regierung schlechter wurde und viele gegen neue große Technik wie den Megarechner sind.

Die meisten Menschen konnten sich damit abfinden, ihr Leben umzustellen. Eine aktuelle Umfrage zeigt sogar auf, dass sich einige besser fühlen durch weniger Technik in ihrem Alltag. Die meisten fangen an, die kleinen Dinge im Leben wieder wahrzunehmen und zu schätzen. Auch das persönliche Interagieren untereinander statt über ein elektronisches Gerät macht die Menschen glücklicher.

Das Leben der Bevölkerung hat sich also entgegen ihrer Erwartungen nicht sehr ins Schlechte verändert, da sie immer noch öffentliche Verkehrsmittel nutzen, normal einkaufen, Urlaub machen und arbeiten können. Auch wenn sie über weniger Wissen als vorher verfügen, finden sie sich langsam damit ab und genießen ihr Leben wieder mehr.

Einige sehen es als einen Neustart für die Welt. Wie eine Wiedergeburt, nach der man viele Fehler aus der Vergangenheit verbessern oder sogar vergessen kann.

Marie Böttner

»Nach mehreren Jahren sollte wieder alles so funktionieren wie früher«

Man befindet sich zwar im Jahr 2125, aber trotzdem fühlt man sich, als wäre man in die Antike zurückversetzt worden. In eine Zeit, in der es keine Computer gab und noch kein Wissen in Büchern niedergeschrieben wurde. In eine Zeit, in der ein Mensch nicht einfach mal schnell im Internet nachschauen konnte, wenn er etwas nicht weiß, sondern selber nachdenken oder andere Leute fragen muss. Wenn man nichts mehr hat, wo man etwas nachlesen kann, dann fühlt man sich aufgeschmissen.

Trotzdem hat man einen Vorteil, den die Menschen zu früheren Zeiten nicht hatten. Dieser Vorteil ist das Wissen. Die Menschen von früher wussten nicht viel von der Welt, sie mussten sich erst alles erschließen und erarbeiten. Doch die Menschen im Jahre 2125 wissen noch viel mehr, als wir heute wissen. Dieses Wissen ist in den Köpfen der Menschen gespeichert. Es ist sicher, dass einer nicht alles weiß, aber das ist der Zeitpunkt, an dem die Menschen zusammenarbeiten müssen. So können sie es nach und nach schaffen, sich das wiederaufzubauen, was sie einmal hatten. Das funktioniert zwar nicht von heute auf morgen, aber durch das im Kopf gespeicherte Wissen sind sie den Menschen von damals viele Schritte voraus.

Das Wichtigste jedoch ist die Kommunikation der Menschen untereinander. Um weiterhin miteinander kommunizieren zu können, muss man auf das zurückgreifen, was die Menschheit getan hat, als sie sich noch nicht über ein Telefon erreichen konnte. Man muss sich wieder Briefe schreiben. Da es aber kein Papier gibt, ritzt man in Holz oder auf andere Oberflächen mit einem Stock oder anderem Werkzeug Buchstaben hinein. Man wird zwar nicht so schnell eine Antwort bekommen wie zu der Zeit, als es noch das Internet gab, aber trotzdem ist die Kommunikation so möglich. Da man nicht mehr viele Menschen auf einmal über die gesellschaftlichen Geschehnisse informieren kann, muss man alles, was wichtig ist, also auch das, was die Regierung beschlossen hat, auf anderem Wege übermitteln. Man kann Boten einsetzen, um die Nachrichten mündlich weiterzugeben oder durch andere kreative Mittel wie das Hinterlassen von wichtigen Informationen auf Oberflächen an öffentlichen Orten. Damit jeder mitbekommt, was er oder sie zu tun hat. Gerade zu dieser Zeit müssen im Parlament viele Entscheidungen darüber getroffen werden, wie es weitergeht. Volksabstimmungen werden weiterhin durchgeführt und auch der Austausch mit den Bürgern ist sehr wichtig.

Anschließend müssen sich alle Menschen treffen, die sich mit unterschiedlichen Themengebieten auskennen. Die Menschen, die sich zum Beispiel mit dem Internet und den mobilen Endgeräten auskennen, treffen sich und versuchen, das Problem zu lösen. Damit alle Menschen schnell miteinander kommunizieren können, ist es sehr wichtig, das Internet und die Endgeräte sowie den Megarechner wiederherzustellen. Denn auf eine schnelle Kommunikation kommt es an. Je mehr Menschen zusammensitzen, desto kürzer wird es dauern, bis das Internet wieder funktionsfähig ist. Das Wissen, das auf dem Rechner war, ist zwar für immer gelöscht, aber wenn die Menschen zu jedem Thema, zu dem sie etwas wissen, etwas aufschreiben, dann wird man irgendwann wieder alles, was man weiß, festgehalten haben.

Auch das Weiterführen des normalen Alltags ist wichtig. Die Kinder gehen weiterhin zur Schule und lernen dort, was der Lehrer ihnen erklären kann. Die Schüler schreiben dies handschriftlich auf. Auch wird die Schule als Ort des Austausches genutzt.

Sobald die Kommunikation über die Endgeräte wieder möglich ist und der Megarechner wieder funktioniert, ist das Problem weitestgehend gelöst. Eine große Gruppe, die sich mit dem Megarechner durch mündliche Überlieferungen auskennt, setzt sich zusammen und zerlegt ihn in seine Bestandteile. Nach Wochen harter Arbeit gelang es der Gruppe schließlich, den Megarechner wieder zum Laufen zu bringen. Wissen kann nun nach und nach wieder eingetragen werden. Nach mehreren Jahren sollte wieder alles so funktionieren wie früher.

Carla Combecher

»Sie verbrachten stattdessen Zeit als Familie«

Liebe Leserinnen und Leser,

genau heute vor 20 Jahren geschah das Ereignis, welches unser aller Leben veränderte – der Ausfall des Megarechners. Als im Jahre 2125 dieser Ausfall bemerkt wurde, schien es zunächst nicht möglich zu sein, sein Leben wie bisher weiterzuführen. Auch wenn sich dies im Nachhinein sehr übertrieben anhört, so denke ich doch, dass auch Sie, liebe Leserinnen und Leser, sich noch genau an den Moment erinnern können, als der Ausfall geschah. Von der einen auf die andere Sekunde erhielt man nicht mehr im Minutentakt Nachrichten auf seinem digitalen Endgerät. Möglich war nur noch die Kommunikation mit den Menschen, welche sich unmittelbar in der Nähe befanden, und nur noch das Wissen stand einem zur Verfügung, das jeder in seinen Köpfen mit sich trug.

Doch nun möchte ich nicht länger über diesen Moment sprechen. Vielmehr möchte ich mir mit Ihnen, liebe Leserinnen und Leser, den Verlauf der Ereignisse sowie die Veränderungen ansehen, die mit ihnen einhergingen. Als man bemerkte, dass es nicht möglich war, wie bisher weiterzumachen, mussten die ersten Veränderungen geschehen. Die Kinder, die nach dem Ausfall trotzdem weiter zur Schule gingen, konnten nicht mehr auf ihre Schulbücher zurückgreifen, weshalb das Unterrichten unmöglich schien. Arbeitende Leute konnten ihrer Arbeit teilweise nicht mehr nachgehen, da der Zugriff zum Internet fehlte. Aufgrund all dieser Erfahrungen forderten die Menschen schnell eine Lösung.

Auf der einen Seite konnten Leute ihrer Arbeit gar nicht mehr nachgehen, auf der anderen Seite litten manche Branchen unter totaler Überlastung. So mussten Paketboten beispielsweise fast den ganzen Tag ohne Pause durcharbeiten und hatten kaum noch Freizeit. Genauso erging es allen Technikern, welche rund um die Uhr probierten, den Megarechner wieder zu reparieren. Um dieses Problem anzugehen, wurde an dem Konzept der »vorübergehenden Umverteilung« gearbeitet. Da dieses Konzept möglichst schnell entworfen werden sollte, trafen sich Politiker täglich und immer in der gleichen Stadt, da das die einzige Möglichkeit war, zu kommunizieren. Das erste Treffen war jedoch gar nicht leicht zu organisieren, da ja schließlich kein Papier mehr existierte. Aufgrund dieser Situation beschloss der Bundeskanzler, als Allererstes die stillgelegten Papierfabriken wieder in Gang zu setzen. Das war jedoch nur möglich, da man glücklicherweise die Fabriken erst nächstes Jahr hatte abreißen wollen, weil man sie bisher zwar als unnötig betrachtet hatte, aber nicht als störend. Letztendlich schien das die nötige Rettung zu sein, um überhaupt irgendwie kommunizieren zu können. Es wurde experimentiert, bis man sich erschließen konnte, wie die vielen Apparate zu bedienen waren und wie der Herstellungsprozess ablaufen muss. Einige Tage nach dem Anlaufen der Fabriken konnte dann ein Brief an alle Politiker versendet werden und ein erstes Treffen konnte gehalten werden. Anschließend wurde nach jedem vergangenen Treffen direkt ein neuer Termin festgehalten. Nach vier Monaten schien es endlich einen kleinen Hoffnungsschimmer zu geben. Bis dahin führte jeder ein komplett anderes Leben, als er es gewohnt war.

Ein paar Tage später trafen sich also Politiker, um eine mögliche Lösung zu finden und die Menschen zu beruhigen. Zunächst wollte man natürlich probieren, den Megarechner wieder einsatzfähig zu machen. Außerdem sollten die Menschen dazu aufgefordert werden, ihren Tätigkeiten bestmöglich weiter nachzugehen. Als die Politiker nach der Versammlung dies der Bevölkerung mitteilen wollten, stellte sich die nächste Frage: Wie will man den Menschen diese Nachricht überbringen, wenn nicht über das Internet? Man schien komplett hilflos in einer Welt, die noch bis vor Kurzem so perfekt wirkte. Es wurden Briefe an die einzelnen Haushalte gesendet, wobei man bemerkte, dass das Papier nicht ausreichen würde und deshalb die Menschen dazu aufforderte, die Nachricht auch mündlich weiterzuverbreiten. Aufgrund des Papiermangels wurde eine erhöhte Produktion von Papier angefordert. Die Papierfabriken produzierten also nahezu doppelt so viel Papier als üblich und es gab eine Zeit, in der die Produktion stoppte.

Jeder ging jedoch trotzdem davon aus, dass das Problem sicherlich schnell behoben sein würde und der Megarechner schnell wieder einsatzfähig sein wird. Wie wir heute wissen, war dies definitiv nicht der Fall.

In den nächsten Wochen stellte man auch fest, dass Reisen fast unmöglich schien. Zwar konnte man bereits bereiste Orte teilweise wiederfinden, es traute sich jedoch fast niemand, einfach irgendwohin zu reisen, da Atlanten und digitale Navis fehlten.

Das Leben fühlte sich insgesamt viel verlangsamter an und viele – ich denke, auch Sie können da eventuell mitreden – bemerkten, dass das Problem nicht so schnell behoben werden kann wie anfangs angenommen. Auf den führenden Politikern lastete ein enormer Druck. Es wirkte, als ob eine komplett neue Infrastruktur hermusste.

Ich kann nur aus meiner Sicht sprechen, aber vielleicht können es doch manche von Ihnen, die damals ähnlich jung waren wie ich, nachvollziehen: Ich habe diese Zeit zum Teil auch genossen. Natürlich fand ich als Mädchen, das die sechste Klasse besuchte, es total toll, nicht lernen und zur Schule gehen zu müssen. Ein anderer Punkt war jedoch, dass ich viel mehr Zeit mit meiner Familie verbringen konnte. So ging es auch vielen anderen. Man sah mehr Familien zusammen spazieren, spielen und Zeit miteinander verbringen. Die Kinder hatten nicht mehr die Möglichkeit, jeden Film, jede Serie direkt nach der Schule zu schauen und die Eltern nicht direkt die aktuellen Nachrichten oder digital mit Freunden auszutauschen. Sie verbrachten also stattdessen Zeit als Familie.

Trotzdem fehlte die Kommunikation über die digitalen Endgeräte. Von der Politik beschlossene Dinge erreichten die Bevölkerung nur sehr langsam. Zuerst wurden diese Nachrichten mithilfe von Briefen und schließlich auch durch persönliche Gespräche immer weiterverbreitet. Es wurde nach einer Lösung gesucht, um wenigstens telefonieren oder sich anders austauschen zu können. Das war ohne digitale Anleitungen schwieriger als erwartet. Es mussten auch Internetleitungen neu gelegt werden, da man die alten nach der Einführung des Megarechners entfernt und nur eine für den Megarechner verlegt hatte. Diese Kabelverlegung war aufwendig und das Fachpersonal fehlte. Deshalb dauerte es knapp zwei Jahre, bis jeder einen funktionierenden Telefonanschluss hatte. Und die Telefone? Die mussten auch noch produziert werden. Da diese keine Zusatzfunktionen erhalten sollten, erfolgte diese Produktion verhältnismäßig schnell. Nach einem Jahr waren alle Telefone fertig und jeder Haushalt besaß eines. Fast vier Jahre nach dem Ausfall schien die Kommunikation endlich ein wenig leichter.

Ein großes Problem war weiterhin das Gesundheitswesen. In den Krankenhäusern herrschte ein schlimmer Zustand. Auch wenn man es zwar geschafft hatte, nach knapp vier Jahren für jeden Patienten individuell eine Papierakte anzulegen, konnten Operationen immer noch nicht wie gehabt vorgenommen werden. Die Kommunikation und Diagnostik innerhalb der Krankenhäuser stellte immer noch ein riesiges Problem dar. Man hatte sich vor dem Ausfall darauf verlassen, dass mithilfe des Megarechners die Krankheiten der Patienten erkannt wurden und eine passende Behandlungsmethode vorgeschlagen wurde. Nun kam es zu häufigeren Fehlbehandlungen.

Man stellte fest, dass man sich zu sehr auf den Megarechner verlassen hatte. Im Krankenhaus, doch auch in anderen Bereichen. Man schrieb das Wissen wieder auf Papier auf und sammelte es so. Es wurden langsam wieder Bücher verfasst, um dieses Wissen vielen Leuten nahezubringen und es zu verbreiten. Es schien, als ob man eine Zeitreise unternommen hätte, in ein Leben ohne den Megarechner. Es wurde stets daran gearbeitet, den Megarechner wieder in Gang zu setzen.

Nach 14 Jahren verbreitete sich plötzlich die Neuigkeit, dass es Wissenschaftler und Techniker geschafft hatten, das Internet wiederherzustellen. Es war möglich, dort wieder wichtige Nachrichten zu verbreiten, E-Mails zu schreiben und sich Wissen anzueignen. Es war wie damals, als das Internet erstmals erfunden wurde. Es gab nicht übermäßig viele Funktionen, jedoch alle »nötigen« Mittel. Alle sozialen Plattformen und Medien waren nicht wiederhergestellt, sehr wohl jedoch öffentliche Nachrichtensender.

Als nach 16 Jahren plötzlich die Nachricht kam, dass der Megarechner wieder funktionierte, konnte es zunächst niemand glauben.

Doch nachdem die Nachricht langsam real schien, stellte jeder fest, dass man den Megarechner eigentlich gar nicht mehr benutzen wollte. Man hatte sich mittlerweile ein gutes anderes Leben – ohne den Megarechner – aufgebaut und benötigte ihn eigentlich nicht mehr.

Außerdem schien jeder und jede viel glücklicher. Es gab nun kaum jemanden mehr, der unzufrieden mit der neuen Situation war. Man konzentrierte sich auf das Wesentliche und wurde nicht mehr überhäuft von unnötigen Informationen. Mithilfe einer Studie ließ sich beispielsweise feststellen, dass die absolute Mehrheit der Jugendlichen viel glücklicher ohne Social Media ist. Man hatte das Gefühl, man lebte wieder in einer realen und nicht in einer Fake-Welt. Man genoss es, sich mit Freunden zu treffen und zu unterhalten und dies nicht nur digital zu tun.

Außerdem stellte man fest, dass es ein riesiger Fehler war, sich nur auf den Megarechner zu verlassen und die anderen Dokumente zu zerstören.

Man wollte ein Leben ohne den Megarechner führen, da man festgestellt hatte, dass dies eindeutig das *bessere* Leben war.

Denkt man nun an all diese Jahre zurück, so würde ich Sie, liebe Leserinnen und Leser, noch einmal dazu auffordern wollen, das Leben zu genießen, wie wir es heute führen und dankbar zu sein für die Erfahrungen, die wir gemacht haben. Nur so war es möglich herauszufinden, was uns glücklich macht.

Mert Depboylu

»Man hat die Zeit … in einer Art freiwilliger Quarantäne gelebt«

Die Menschheit sieht ohne den Megarechner ein Stück weit alt aus. Man hat versucht, wieder auf CDs, Büchern und Co. Daten zu speichern. Da die Menschen auf ihren Endgeräten noch immer lasen und schrieben, war es nicht allzu schwer, wieder auf Papier zu arbeiten, nachdem dieses wieder produziert wurde.

Das Wichtigste war, dass man das Bildungssystem erhalten wollte, weil man das Wissen den nachfolgenden Generationen weiterhin vermitteln wollte. Schulbücher gibt es seit zehn Jahren wieder und die Jugend findet das überhaupt nicht toll. Sie ist fast schon neidisch auf ihre Eltern, weil sie durch den Megarechner viel weniger zur Schule gehen mussten und dort weniger Aufwand hatten.

Es fielen langsam wieder Philosophen auf, die ihre Philosophien wieder auf Papier brachten. Autoren begannen, wieder erste Unterhaltung für andere zu schreiben, Politiker, die Verfassung schriftlich neu zu formulieren und vieles mehr.

Eine Sache, die noch nicht so prickelnd läuft, ist das Entertainment-Angebot wie Filme und Musik; alles Digitale. Es ist zu komplex, selbst zu lernen, wie so was funktioniert, weshalb die Menschen Neues erfinden müssen. Mittlerweile gibt es wieder Radio, das erste, nicht elektronisch gemachte Musik spielt, meistens Orchesterstücke oder Opern.

Man fühlt sich zur Zeit so, als wäre man seit Ausfall des Megarechners 200 Jahre in der Zeit zurückkatapultiert worden. Einige Menschen fanden diesen Reset gut und einige wiederum katastrophal. Er war nötig gewesen, damit den Menschen wieder bewusst wurde, wieso physische Datenträger wie vor allem Bücher wichtig sind und dass man sie nicht komplett vernichten sollte für einen einzigen Megarechner. Außerdem hat die Gesellschaft wieder das soziale Miteinander sowie vom Chaos zur (neuen) Normalität gefunden.

Es hätte aber auch ganz anders ausgehen können. Die Menschen wurden nach Neuerfinden des Papiers schriftlich aufgefordert, sich zu beruhigen und nicht in Panik zu geraten. Man hat die Zeit, bis es wieder Papier gab, in einer Art freiwilliger Quarantäne gelebt. Jede Woche kam immer am selben Wochentag ein Wagen mit Essen, Trinken, Kleidung und Pflegeutensilien, um die Quarantäne zu erleichtern. Man hat uns auch immer versichert, dass alles wieder gut werden wird und dass man sich möglichst nicht nach draußen bewegen und Ruhe bewahren sollte. Wären alle in Panik geraten, so hätte der Reset die Menschen ein weiteres Jahrhundert in die Vergangenheit katapultiert. In einigen Staaten kam es zu Revolutionen oder zum kompletten Einsturz des Staates. Viele haben kein Glück und ihre Gesellschaft bricht zusammen. Dort wurden die Menschen unruhig und panisch, wie man es oft in Weltuntergangsfilmen gesehen hat. Das hat uns die nötige Angst und das Durchhaltevermögen gegeben, nicht im Chaos zu enden. Zwischenpolitische Beziehungen gibt es auch kaum mehr. Die Weltpolitik funktioniert nicht mehr so gut, weil man sich gegenseitig Briefe schreiben muss, was politische Diskussionen in die Länge zieht und sie immer wieder verfälscht werden. In andere Länder zu reisen ist ohne das Internet eine anstrengende Sache geworden, da man sich persönlich zu den Grenzen bewegen und Anträge stellen muss, damit man ausreisen darf. Es gab keine einheitlichen Regelungen, ob man überhaupt ausreisen darf. Wenn man die Sprache des Landes sprach, hatte man bessere Chancen. Man wollte die Bürger in Länder reisen lassen, wo sie sich ohne Rechner verständigen können, um ihre Sicherheit zu bewahren und sicherzustellen, dass sie nicht verloren gehen.

Der Ausfall des Megarechners bringt eher schlechte Folgen mit sich, aber gleichzeitig auch für die Menschheit ein neues Zeitalter. Es ist nun 20 Jahre her. Für einige Menschen war es gut, wieder soziale Kontakte herzustellen und sie auch zu pflegen. Familien kamen sich wegen der Quarantäne näher und nach und nach, als man wieder raus durfte, entstanden auch freundschaftliche Beziehungen. Ein natürliches Phänomen.

Die Mobilität ist zum Teil noch eingeschränkt, jedoch sind private Fahrzeuge weniger betroffen. Einiges lief zwar automatisch über den Megarechner, aber es gibt immer noch manuelle Fahrzeuge, die man selbst fährt. Die Fahrzeuge, die vollautomatisch fahren, wurden aussortiert.

Die Welt hat sich von einer zu perfekten Welt in eine unvollkommene Welt verwandelt. Diese Imperfektion ist besser, denn es gibt immer was zu beheben und Innovation wird gefördert. Wenn etwas zu perfekt ist, ohne Krisen oder Ähnliches, dann kommt es einem vor, als würde man in der Matrix leben. Es ist schwer zu beurteilen, ob der Reset was Gutes oder Schlechtes war. Er brachte gute und schlechte Folgen mit sich.

Hannah Sophie Dietz

»An sich ändert sich für die Menschen nicht viel in ihrem Alltag«

In dem Moment, als klar wurde, dass der Megarechner ausgefallen und somit auch sämtliches Wissen von über Tausenden von Jahren verloren ist, brechen in der Menschheit Panik, Beunruhigung und Unruhe aus.

Dem ersten Impuls, ihr digitales Endgerät rauszuholen und nachzugucken, was man in so einem Moment tun soll, können die Menschen nicht nachgehen. Die Frage nach dem »Und was jetzt?« wird ihnen nicht durch eine andere Quelle beantwortet werden. Sie mussten selbstständig denken und handeln, Pläne aufstellen und Kommunikation betreiben, damit sie einen Weg finden, aus dieser komplizierten Situation das Beste rauszuholen. Schnellstmöglich sollten die effektivsten Möglichkeiten gefunden werden, die Unruhen wieder zu beruhigen, sodass die Menschen nicht die Hoffnung verlieren und auf keinen Fall aufgeben. Sie sollten diese neuen Herausforderungen annehmen und sehen, dass sie in einer solchen Situation auch sehr viel Neues lernen und über sich hinauswachsen können.

Tatsächlich schaffen es die Menschen, sich nach dem ersten Entsetzen relativ schnell wieder zu fassen und die Situation anzunehmen, wie sie ist. Es gibt keinen einheitlichen Plan oder klare Regeln, wie sich ab sofort jeder zu verhalten hat. An sich ändert sich für die Menschen nicht viel in ihrem Alltag. Sie können immer noch ihren Hobbys nachgehen, ihre Arbeit absolvieren und ihren Alltag gestalten, wie sie möchten. Ihnen fehlt lediglich der Zugang zu Wissen über Dinge, von denen sie nicht viel bis keine Ahnung haben.

Aber es fehlt nicht alles Wissen. Die Bauern beispielsweise haben durch den Ausfall des Megarechners nicht plötzlich vergessen, wie sie Landwirtschaft betreiben. Daran hat sich ja nichts geändert. Nur jeder, der nicht weiß, wie die Landwirtschaft funktioniert, kann das nun nicht mal eben nachlesen.

Aber das bedeutet nicht, dass diese Menschen von nun an nicht mehr die Möglichkeit haben zu erfahren, wie Landwirtschaft funktioniert. Allerdings müssten sie nun deutlich aktiver werden, um das Wissen zu erlangen. Sie könnten sich entweder mit Menschen in ihrem Umfeld unterhalten, ob sie etwas über bestimmte Themen wissen und sich darüber austauschen. Dabei besteht allerdings die Gefahr, dass das Wissen lückenhaft bis falsch sein könnte. Diese Nicht-Garantie sollte man beim eventuellen Weitererzählen nennen, da die Quelle nicht unbedingt seriös ist. Um einfach auch mehr Dinge selbst für sich auszuprobieren. Natürlich ist das sehr einfach gesagt und in der Realität auch nicht mal eben so auf jeden Beruf so direkt anwendbar.

Eine andere Möglichkeit wäre es, eine verlässlichere Quelle aufzusuchen, in dem Fall einen Bauern, mit diesem die direkte Kommunikation zu suchen und ihn zu fragen. Hier ist die Gefahr, dass es sich um falsches Wissen handelt, deutlich geringer. Eigentlich besteht sie nur dann, wenn der Bauer mit Absicht falsche Dinge erzählt. Eine wirkliche Lösung dafür gibt es nicht wirklich. Die Gefahr, dass Menschen lügen – und das aus den unterschiedlichsten Gründen –, sich nicht von diesen Lügen blenden zu lassen und sich immer ein Stück weit bewusst zu machen, dass das, was einem erzählt wird, nicht immer zwangsläufig die Wahrheit sein muss.

An diesem recht simplen Beispiel lässt sich ungefähr darstellen, was die Menschen nach dem Ausfall in den nächsten 20 Jahren gemacht haben. Sie haben sich aktiv bemüht, Wissen zu erlangen. Gleichzeitig führte der Ausfall zu einem erheblichen Anstieg der Kommunikation und dem Miteinander zwischen den Menschen. Sie waren darauf angewiesen, dass jeder sein Wissen teilt und nicht vor allen anderen versteckt und damit zu einer potenziellen Gefahr für die gesamte Menschheit wird, indem er sein Wissen sammelt und für eigennützige Zwecke missbraucht.

Das alte Wissen ist größtenteils durch den Ausfall verschwunden. Damit das nicht wieder passiert, überlegten sich manche Menschen, ihr Wissen zu Papier zu bringen. Dieses konnten sie so anderen Menschen weitergeben und die nächsten Generationen konnten Dinge nachlesen, wie sie es selbst vor dem Ausfall taten. Ja, es war nicht so geordnet wie damals und vielleicht auch nicht so viel und so leicht zu finden, aber es war ein Anfang, der von da an fortgesetzt werden konnte, wenn man dies denn wollte. Gesicherte Bibliotheken galten nun also ebenso als Wissensspeicher wie damals der Megarechner. Allerdings waren sie nicht der einzige Speicherort. Die gesammelten Daten wurden nach und nach wieder digitalisiert, da es trotzdem zu keinem Zeitpunkt ein Nachteil war, dass Wissen auch digital sofort abrufbar ist. Allerdings hatte man aus der Vergangenheit gelernt und wollte vermeiden, dass man wieder lediglich einen einzigen Speicherort hatte, der auch wieder vernichtet werden könnte und man noch einmal von vorne beginnen müsste.

Wie schon immer in unserer Welt haben manche Menschen die Situation eher angenommen als andere. Während manche Menschen nahezu daran zerbrachen, dass sie kein Wissen mehr abrufen konnten, gab es gleichzeitig aber auch die, die den Ausfall als etwas sehr Positives betrachteten. In ihren Augen leben Menschen nun viel mehr wieder miteinander und nicht mehr nur einzeln für sich. Sie genießen und schätzen dieses gemeinsame Leben.

Mara Dumitru

»Das erste abgesendete Wort, der erste Schritt zur Rettung des Wissens, war natürlich ›Yolo‹«

Im Jahre 2125 ereignete sich der katastrophale Absturz des Megarechners C.14 020, auch genannt »Logos necatum«, was so viel bedeutet wie: »Gestorbene Daten«, kurz: »Loneca«. Keine digitale Kommunikation mehr, kein Zugriff auf Lerninhalte. Fatal. Rund eine Woche später mobilisierten Führungskräfte rund um die Welt ein globales Projekt: #SaveTheData, um, wie sie mehrfach betonten, die Identität des Menschen und die Lehren der Vergangenheit zu retten.

In ganz Europa herrschte ein Ausnahmezustand. Schüler, Lehrer, Studenten, Professoren und weitere waren verpflichtet, sich in Themengebiete einzufinden und registrieren zu lassen. Aber wie sollten sie das tun? Das Internet war futsch. »Online« gab es nicht mehr. Radiowellen wurden durch ein permanentes Dauerrauschen gestört. Die Ursache hing wohl mit »Loneca« zusammen. Ein Ersatz musste her, der die Daten von Milliarden Menschen systematisch sortieren sollte. Die physische Infrastruktur des Internets war noch intakt und Strom durch andere Quellen noch genug vorhanden. Die Regierungen planten ein Treffen Tausender Personen vom Fach, die in Brüssel an diesem Ersatz arbeiten sollten. Man informierte Großstädte per Post und ließ dafür neues Papier herstellen. Interessenten sollten sich eintragen, woraufhin sie in ihrer Expertise geprüft wurden. Ein mühsames Prozedere, welches sich aber letztendlich auszahlte. Das Team begann in Brüssel mit der Arbeit. Sie stellten Verbindungen zu den Satelliten her und starteten sie neu, erstellten gigantische Server und Datenpakete, die anschließend verknüpft und gesichert wurden. Somit ließ sich nach nur vier Wochen intensiver Codierung und unmenschlichem Druck durch die Exekutive die Website öffnen. Eine Abstimmung war nur zwei Wochen später auf C.14 »onboard«, der neue Ausdruck für »online«. (Niemand wollte es so nennen). Nach Absprache wurden Kontinent-getrennte Server angeschlossen und die ganze Welt hatte Zugriff auf die gähnend leeren Datenträger.

3,4 Milliarden Personen waren aufgelistet, die den Verlust des »Loneca« beheben wollten. Eine Prioritätenliste wurde erstellt, damit die Menschen kontrolliert und in geordneten Schüben an bestimmten Tagen ein bestimmtes Thema sicherten, damit nicht alle 3,4 Milliarden User gleichzeitig irgendetwas verfassten. #SaveTheData sollte nur 24 Stunden später starten, verzögerte sich jedoch, da das Projekt auch auf gegnerische Meinungen stieß.

Die Auswahl der Themen wurde kritisiert und Loneca als ein Wink des Schicksals gesehen, alle überflüssigen und schädlichen Informationen der Vergangenheit zu überlassen. »Die Evolutionstheorie sowie die Funktionsweise von Impfungen sind dem Satan entsprungen und dürften auf keinen Fall weiter existieren!«, »Die Bibel muss unbedingt absoluten Vorrang haben!«, so klagte ein Verband religiöser Schwurbler. »Kolonialverbrechen sind doch schon etliche Jahrhunderte her, warum nicht davon loslassen?«, forderten einige europäische selbst ernannte Historiker mit besorgniserregend viel Leidenschaft fürs eigene Land. Aber auch der Mainstream hatte allerlei zu meckern: Warum sollte der Plot sämtlicher Disneyfilme den Dreamworks-Filmen ganze sechs Minuten zuvorkommen? Muss die Behandlung der Analfistel von König Ludwig XIV. wirklich erhalten bleiben? »Biologie ist doch gewiss wichtiger als ein bisschen englische Grammatik!« »Ach was, wer braucht schon die Kategorisierung von Tieren? Die meisten davon sind doch sowieso schon vom Aussterben bedroht!« Die Signifikanz bestimmter Romane für die Nachwelt bis hin zur Bibel, die schon vor dem Loneca stärker umstritten war denn je, wurde bemängelt. Es kam zu Protesten und Handgreiflichkeiten.

Digitale Kommunikation war seit dem Absturz nicht mehr möglich, da die dafür verantwortlichen Module irreparabel beschädigt waren. Es war überdies strengstens verboten, die Website #SaveTheData als alltägliches Kommunikationsmittel zu verwenden. Bis etwas anderes zustande kam, mussten Zwischenlösungen her.

Die Telefonleitungen, die man vor langer Zeit noch genutzt hatte, ließen sich kurzfristig umfunktionieren, sodass man sich von Haushalt zu Haushalt und Ort zu Ort elektrische Signale senden konnte, die man vom Alltagsstrom abzapfte. In Europa und den meisten anderen Ländern hatte man sich auf Morsecodes geeinigt. Für Notmeldungen und kurze Nachrichten waren sie ausreichend. Nervige Mitmenschen konnten jedoch auch plötzlich .-/.-./…/----/._../---/----// oder ../-../../---/-// schicken, wenn sie Lust auf grundlose Verkündungen von Schimpfwörtern hatten. Es ließ sich kaum regulieren, wer wem etwas sendete, weshalb sich in Deutschland berüchtigte Jugendgruppen wie die »Ponyschlächter« oder die »Keksausstecher« bildeten, die jeden von ihrer Anwesenheit wissen ließen. Strenge Richtlinien, die das Reißen obszöner Flachwitze in der Morsecom. verboten, halfen nicht viel, da man Taten nur sehr schwer nachverfolgen konnte. Internationale Berühmtheit erlangte später die Morsegruppe aus Wyoming namens »Fatsquirrelroaster«, die ständig den lokalen Behörden von der horrenden Hässlichkeit der ortsansässigen Eichhörnchen erzählte.

Man begann mit der Datenrestauration. Zuerst erfolgte der Austausch, wer welche Unterthemen mit welchem Schwierigkeitsgrad übernehmen sollte. Jede Nation war für ihre landeseigene Sprache zuständig, Nationen die sich Sprachen teilten, sollten zusammenarbeiten und mögliche Unterschiede in der Aussprache und Grammatik ergänzen. Es lief ausnahmsweise einmal alles nach Plan ab, schon eine Stunde später wurden die ersten Sätze getippt. Das erste abgesendete Wort, der erste Schritt zur Rettung des Wissens, war natürlich »Yolo«. Allen voran kamen Wörterbücher und diverse Lexika an die Reihe und, nach einiger Diskussion, auch fiktive Sprachen wie Elbisch und Klingonisch. Darauf folgten drei Tage später mathematische Erkenntnisse und Formeln und ihre Anwendung in Berufen. Es herrschte Ein- und Ausreiseverbot für diejenigen, die noch nichts Korrektes beigetragen hatten, aber wohin soll man ohne Navi und abrufbare Landesinformationen auch fahren? Höher gebildete Menschen erhielten unter anderem das Amt der Korrektur und verhinderten somit, dass Jesus als veganer Hippie aus Kalifornien in die Geschichte einging.

Nach vier Jahren war es soweit. Die wichtigsten Grundkenntnisse von Kulturen, Sprachen, Mathematik, Politik und Biologie waren mehr oder weniger gerettet. Natürlich enthielten sie noch furchtbar viele Lücken, aber sie reichten aus, um den Zusammenbruch der Gesellschaft zu verhindern. Nach dem vorläufig letzten Eintrag zum altgriechischen silbenbildenen Schwundstufen-ν wurde der 24. November 2129 zum Festtag und ersten großen Schritt der Datenrestauration erklärt. Nordische Techniker stellten Sicherheitssysteme und zwei weitere Megarechner fertig, zwar deutlich kleiner als C.14, aber gut genug, um landeseigene Informationen doppelt und dreifach zu sichern. Sie wurden Ω11 und Δ10 getauft. Andere Nationen nahmen sich daran ein Beispiel.

Mit dem fünften Jahr verstrich die Panikwelle und man wandte sich wieder dem gewohnten Alltag zu. Papier erfreute sich wieder großer Beliebtheit, war für den Privatgebrauch jedoch nicht zugelassen. Ein neues digitales Kommunikationssystem wurde im Jahr 2132 fertiggestellt, globales Chatten war wieder möglich. Man nannte die Seite »Morsecom.«, der ulkigen und frustrierenden Erinnerungen wegen. Das Problem mit den Radiowellen wurde behoben und das »Vintage«-Medium »Broadcasting« wieder eingeführt. So beliebt waren Radios seit 100 Jahren nicht mehr. Loneca hatte trotzdem das Vertrauen in Landesführungen und Struktur tief erschüttert.

In den Jahren 2130 bis 35 bildeten sich Gangs und Parteien, die die politische Stabilität ins Wanken brachten. Anführer dieser Bewegungen waren ausnahmslos Bürger mit einem beeindruckend hohen Bildungsabschluss oder Beteiligung am Unterthema »Neue Literatur« des #SavetheData-Projektes. Professoren, Schriftsteller und Künstler waren angesehen wie noch nie und bildeten die Spitze der Gesellschaft. Einer zu werden war im Jahre 2145 auch so schwer wie noch nie, da die Bildungserwartung rasant anstieg.

Die Bibel wurde wieder Thema vieler Diskussionen und ihre Daseinsberechtigung erneut hinterfragt. »Gottes Wort« war in Tschechien und Schweden mehrfach von Hackern aus dem landeseigenen Register gelöscht worden. Da sich bei fünf bis zehn Prozent der religiösen Bevölkerung das Auswendiglernen der Bibel normalisiert hatte, war ihre Restaurierung kein großes Problem.

20 Jahre sind seit dem Loneca vergangen und die unterhaltenden Medien bei Weitem noch nicht wiederhergestellt. Animationsstudios kollaborierten und ließen sich vom Staat finanzieren, um die Menschheit mit Zeichentrick und modernen Animationen zu beglücken. Grimms Märchen und andere bekannte alte und neue Geschichten wie *Harry Potter* und *Die Jagd nach dem synthetischen Schwein* erhielten ein Remake.

Eine Regierungsreform hatte stattgefunden, die sich an Aristoteles idealer Staatsvorstellung orientierte. Nur die Weisen und

Gelehrten dürfen Führungspositionen innehaben und niemand sonst. Hedonistische Machenschaften sind verpönt und ein großes Tabuthema. Nur in den »Darkcodes« der »Morsecom.« wird dies gelegentlich zur Sprache gebracht. Die Gesellschaft rutscht deutlich in die Richtung des Feudalismus. Anhand der Gesprächsthemen unter Personen, wie sich Linear A decodieren ließe oder was jetzt der Plural von Jesus sei, lässt sich ihr jeweiliger Stand in der Gesellschaft erahnen.

Jesi oder Jesusse? Man ist sich uneinig.

Trotz der vielen Verschwörungen, Klassenkämpfe, Fehlinformationen und des Leistungsdrucks hat es die Menschheit geschafft, das Jahr 2145 zu erreichen und darüber hinaus noch viele weitere Jahre zu existieren.

Viele Probleme bleiben natürlich bestehen. Es werden weitere folgen. Trotzdem nutzen 77 Prozent der Menschheit laut Umfragen den neuen Megarechner und sind davon überzeugt, mit all dem klarzukommen. Eine verhältnismäßig optimistische Einstellung. »Auf dass der Homo sapiens sapiens das Jahr 3000 erreichen wird!« Mit diesem Motto, das zur Jahresfeier der #SaveTheData-Bewegung mit Zucker auf den Tisch geschrieben wird, beenden wir die Dokumentation.

Bleiben Sie zuversichtlich!

Kamera aus

»Das haben wir toll hinbekommen mit der Tonaufnahme! Speichern Sie das Skript einfach bei C.14 2.0 020. Das passt irgendwie, so von der Historie her, ne?«

»Sicher, dass wir nicht lieber den γ-C.13 benutzen sollen? Der gehört schließlich Deutschland.«

»Nee, lass mal.«

»Hä? Die Kamera läuft noch? Schalte sie a…««

Noah J. Eckel

»Alle Länder beschuldigten sich gegenseitig der Sabotage«

Als im Jahr 2125 »das Hirn«, der Megarechner der gesamten Weltbevölkerung, ausfiel, verfiel die Menschheit in Panik. Denn obwohl man natürlich noch einiges wusste, war alles jemals aufgezeichnete Wissen verschwunden. Von einer Sekunde auf die andere waren Aufzeichnungen von Jahrtausenden menschlicher Forschung, menschlichen Denkens und Handelns unwiderruflich gelöscht. Zumindest wurde dies in der allgemeinen Paniksituation angenommen, denn erst spät im Jahr 2140, nach Jahren des Krieges, versuchten Forscher, etwas aus dem »Hirn« zu retten. Das gelang allerdings nur höchst mangelhaft. Es wurden nur einige verworrene Dinge hervorgebracht, mit denen niemand etwas anfangen konnte. Hier zu erwähnen wäre das Rezept für »Steinringe mit Sauron«.

Die großen Fragen sind und bleiben jedoch: Was wäre gewesen, wenn die Menschheit besonnen gehandelt hätte? Was wäre gewesen, wenn man nicht gleich in Konflikt und Streit an- und auseinandergegangen wäre? Doch all diese Fragen bleiben unbeantwortet. Denn die Menschheit handelte nicht besonnen. Sie verfiel in Konflikte, Streitereien und Misstrauen. Und das Einzige, was die Menschheit beibehielt, war, wie man sich gegenseitig umbringt.

Der große Wissenskrieg, der von Experten auch der Unwissenheitskrieg genannt wird, begann am 30.11.2125, nur zwei Monate nach dem Ausfall des »Hirns« und betraf die ganze Welt. Alle Länder beschuldigten sich gegenseitig der Sabotage und des Diebstahls des Wissens. Einige Politiker versuchten zwar, Einheit zu stiften, zusammen an Lösungen zu arbeiten, doch diese Versuche wurden als Verschleierungstaktik wahrgenommen. Und so zog man in den Krieg. Überzeugt davon, das Wissen zurückerlangen zu können, attackierte man zuerst diejenigen, die Frieden erhalten wollten. Wie man Krieg führt, wusste man nicht, war doch das Planen von Kriegshandlungen seit 2077 mit der Einführung des Hirns nicht mehr nötig gewesen. Durch das Hirn wusste man, wie man verhindert, dass es erst zu Gewalthandlungen kam. Somit waren sämtliche Waffen bis Ende des Jahres 2120 recycelt worden. Doch die Menschen wurden kreativ, so wie sie es nach heutigen Vermutungen immer schon waren, wenn es um das Töten von Menschen ging. Und dazu erklommen vielerorts gefährliche Menschen hohe Posten. Menschen, die wussten, wie man Panik in Wut umwandelte. Wegen dieser Wut wurden die Menschen kreativer. In zwei Monaten wurden Dinge neu erfunden, weiterentwickelt und restauriert. Die 3D-gedruckte Pistole der Polizei? Leicht in Masse produziert und zu Gewehren erweitert. Küchenmesser? Leicht zu Schwertern vergrößert. Autos? Schnell zu Panzern umfunktioniert. Dies ging durch die Informationen der Erinnerer, welche auch heute noch tragende Säulen unserer Gesellschaft bilden. Damals gab es, anders als heute, noch viele alte Menschen mit Erinnerungen an die Zeit vor dem Hirn. Diese Dichte führte dazu, dass es auch Erinnernde gab, die keine ehrenhaften Absichten hatten. Nach zwei Monaten standen sich ausgerüstete Heere gegenüber. Heere, die jeweils dachten, sie würden das Wissen, das ihnen die andere Partei vorenthielt, zurückerobern können. Dass es damit allen gleich ging, fiel niemandem auf.

Erst nach dem Krieg bemerkten einige, was sie getan hatten. Denn nun war nicht nur das Wissen aus dem digitalen Hirn unwiderrufbar vernichtet, sondern auch ein großer Teil der Menschen, die vielleicht einen Teil dieses Wissens in ihren Köpfen hatten. Und so zerbrach nach 14 Jahren Krieg die Welt vollends. Wie oder warum der Krieg endete, wusste niemand, doch was danach geschah ist heute, sechs Jahre nach Kriegsende, noch deutlich zu spüren. Die Gesellschaft zerfiel. Die wenigsten Menschen wollten noch in größeren Verbänden leben. So plünderten sie die noch stehenden Häuser und zogen ins Nirgendwo. Meist als kleinere Gruppen aus fünf bis sechs Familien, meist angeführt von einem alten, sich an die Zeit vor dem Hirn erinnernden Familienmitglied. Doch teils zogen auch Einzelne umher, ohne wirklichen Kontakt zu anderen Menschen zu haben. Die Wenigsten leben noch in einer der früheren Großstädte. Es gibt zwar Versuche, in Amerika eine neue Gesellschaft aufzubauen, doch das Gelingen dieses Unterfangens ist noch offen.

Das Einzige, was neben der Panik, Wut, Angst und Repression gewachsen ist, sind die Religionen. Einige der uralten leben wieder in neuer Blüte auf, doch auch immer mehr neue entstehen. Zwar war dies früher verboten, wie uns der Erinnerer Jürgen Kerwich berichtete, doch dem Anschein nach hatten einige Menschen heimlich Bücher behalten und somit vor dem Recycling »gerettet«. Diese Personen bilden nun religiöse Nachrichtendienste und scharen Menschen um sich, um sogenannte Kultdörfer zu bilden, die angeblich in Teilen Nordasiens stadtähnliche Ausmaße annehmen. Woher diese Siedlungen ihre Menschen, Informationen und Verpflegung beziehen, ist noch unklar. Der Präsident des neugegründeten Stadtstaats Zürich hat aber in Kooperation mit der wieder errichteten Stadt München verkündet, dass man mehr über die Vorkommnisse herausfinden wolle. Doch eines ist klar: Diese früheren »Querdenker« werden dort als Helden oder Propheten verehrt, was man in keinem Fall unterschätzen sollte.

In Australien, fern vom eurasischen Festland, ist vor einigen Monaten erst der Führer einer Religion, die ihren Grundsatz vermutlich aus einem uralten Buch über die Hexenverfolgung vor Jahrhunderten bezieht, an die Macht über das komplette Land gekommen. Mit seinem neuen Glaubensverband hat er es geschafft, die einzige uns dort noch bekannte Großstadt zu untergraben. Seitdem herrscht er über das Land oder besser, über die wenigen Menschen dort. Wie diese Herrschaftsform aussieht, ist noch unklar, doch dass sie nicht das ist, was man früher einmal als »human« bezeichnete, wird von Forschern im Stadtstaat Zürich festgestellt.

Somit wollen wir den Opfern des Wissenskrieges gedenken und hoffen, dass sich trotz Bedrohungen wie oben genannte Sekten die Geschichte nicht wiederholt und die Menschheit die Erde wieder wie in alten Tagen besiedeln kann. Zudem setzen wir von der Berliner Rundschau nach wie vor Hoffnung in die andauernden Versuche, das »Hirn« wiederherzustellen oder, solange noch Erinnernde leben, möglichst viele Daten und Fakten aufzuzeichnen, um eines Tages vielleicht ein neues »Hirn« mit diesen zu speisen.

Mai Epping

»Wie soll man auf vagem Erinnerungsvermögen ein neues Fundament für die gesamte Menschheit bauen?«

Rückblickend auf das Desaster von 2125, dem »Zurückwerfen« der Menschheit und all ihrer Leistungen und Bemühungen, ist ein Punkt besonders interessant: Die Religion. Der Glaube, der in vielen Menschen tief verankert und zweifelsohne essenziell für ihre Existenz ist. Oder es war. Denn neben den tiefgreifenden Meinungsverschiedenheiten über die Politik, den komplexen neuen Problemen wie der analogen Kommunikation und der zutiefst eingeschränkten Mobilität, stellte sich auch die Frage nach einem neuen Miteinander, das nach einer neuen Rangordnung verlangte. Man könnte meinen, dass die Hierarchien unserer Gesellschaft doch weiterhin so fortgeführt werden könnten wie zuvor, jedoch hatten sich immer mehr Risse in dem Konstrukt unserer sozialen Strukturen aufgetan, bis schließlich nichts mehr so funktionierte, wie es sollte. Denn was sind Politiker ohne ihre Fakten? Ihre Daten? Ihre öffentlich zugänglichen Quellen? Fernab jeglicher Transparenz? Was sind Schüler ohne niedergeschriebenes Wissen? Ihnen bleibt nichts anderes übrig, als auf das Wort ihres Lehrers zu vertrauen. Mündlich übertragenes Wissen, von Kopf zu Kopf weitergegeben, aus Erinnerungen heraus abgerufen – kann dies zuverlässig sein?

Wie soll man auf vagem menschlichen Erinnerungsvermögen beruhend ein neues Fundament für die gesamte Menschheit erbauen?

Von all diesen Problemen und Fragen hob sich ein Konflikt besonders ab: Wissenschaft gegen Religion. Nun war zwar das niedergeschriebene Wissen, sämtliche wissenschaftliche Bücher und Schriften verloren gegangen, doch hieß das nicht viel mehr, als dass die Menschheit lediglich vor einem riesigen Berg Arbeit stand? Zum zweiten Mal in ihrer Geschichte musste all ihr Wissen aufgearbeitet werden. Alles, was den natürlichen Gesetzen der Welt unterlag, ließ sich schließlich erneut beweisen, auch wenn dies ein eigentlich unnötiger Aufwand war. Zusätzlich erwies sich dies als weniger kompliziert, da die grundlegenden Fakten und Kenntnisse noch in den Köpfen der Wissenschaftler existierten. Innerhalb der letzten 20 Jahre gelang es uns so, unter Hochdruck den Großteil unserer Wissenschaft zu rekonstruieren und niederzuschreiben. Nahezu sämtliche Lehr- und Sachbücher sind wieder für alle zugänglich und möglicherweise sogar optimiert. Das Problem der Verlässlichkeit von Lehrenden ist somit geklärt und Wissenschaftler können nun wieder dort ansetzen, wo sie vor zwei Jahrzehnten gezwungenermaßen aufgehört hatten.

Doch wie steht es mit der Religion? Sie hat lange schon ohne schriftliche Dokumentation stattgefunden und von mündlicher Weitergabe gelebt. So nun auch nach 2125. Doch tat sich dabei ein Problem auf: Nennen wir es das »Stille-Post-Problem«. Jedem dürfte der Umfang dieses Problems nun mehr oder weniger vor Augen schweben. Denn wird ein ganzes Buch, ein ganzer Glaube, mit all seinen Erzählungen, Regelungen und Geboten nur mündlich weitergegeben, so entstehen mit jeder Erzählung verschiedene Versionen. Während die verschiedenen Details anfangs geringfügig und kaum bemerkbar sind, werden die verschiedenen Versionen von Zeit zu Zeit so inkohärent, dass sie wesentliche Bestandteile, die eine essenzielle Stütze des jeweiligen Glaubens darstellen, völlig verändern und der Ursprung so für immer verloren geht. Man könnte meinen, dass die Bibel direkt nach dem großen Zusammenbruch 2125 aus dem Kopf niedergeschrieben wurde. Doch bei sämtlichen solcher Versuche kam es letztendlich zu Streitigkeiten, da sich nicht genau beweisen ließ, wessen Version denn nun die »richtige« war.

Während die Wissenschaftler durch Experimente und Beobachtungen zu den gleichen Schlüssen gelangten und so alles wieder aufgebaut hatten, was ihnen genommen worden war, zerstritten sich die Kleriker immer weiter aufgrund von Meinungsverschiedenheiten untereinander, und die alte Rangordnung verlor langsam ihre gewohnte Gestalt. Was war ein Papst ohne die Bibel? Inmitten etlicher Menschen, die nicht mehr dem zustimmten, was er predigte? Natürlich gingen die meisten Gläubigen weiterhin zur Kirche und verloren ihren Gottesglauben nicht so ohne Weiteres, jedoch gab es zugleich immer mehr Grund zum Zweifel. Denn viele, die der Ordnung der Kleriker beim Zerfall zusahen und die Streitigkeiten zwischen ihnen miterlebten, fingen an, die Kirche zu hinterfragen. Auch gab es Neugründungen von ähnlichen Religionen aufgrund der festen Überzeugung mancher, die eigene Version der Bibel sei die einzig richtige.

So stehen wir nun nach 20 Jahren also an einem Punkt, an dem die fortlaufende Existenz der Wissenschaft gesichert wurde und etliche Wege für Innovationen freistehen. Die Religion hingegen ist alles andere als das, was sie mal war. Durch den Verlust der heiligen Schriften ging die Einheit der Kleriker und Gläubigen allmählich verloren und weitverbreitete Religionen wie das Christentum standen vor ihrem Verfall. Natürlich ist dies nicht gänzlich innerhalb von zwei Jahrzehnten geschehen, jedoch befinden wir uns bereits im aktiven Prozess.

Doch was bedeutet das für die Menschheit? Wird in naher Zukunft jeder Mensch sämtlichen Gottesglauben verloren und sich dem Atheismus zugewandt haben? Wohl kaum. Der Glaube an Gott ist ein in den meisten Menschen so tief verankertes Gut, dass es auch weiterhin ein fester Bestandteil unseres menschlichen Seins in seiner Gesamtheit bleiben wird. Denn anders als die Religion ist der Glaube eine individuelle Überzeugung, die anpassungsfähig ist und nicht unbedingt an eine organisierte Struktur gebunden sein muss. Der Glaube an Gott verlangt keine Niederschriften, keine festen Regelungen, keine übergeordneten Päpste und sonstigen menschlichen Machtpositionen. Es genügen lediglich unsere menschliche Neugierde und unser Verlangen nach Erklärungen des Ungewissen, unsere Gutmütigkeit und unser Wille, an ein höheres Wesen, einen allmächtigen Schöpfer unserer Welt zu glauben. Solange dieses menschliche Streben in uns nicht erlischt, wird der Glaube niemals zugrunde gehen.

Geschrieben von einer Atheistin.

Charlotte Gattung

»Breite Teile der Weltbevölkerung begannen im Untergrund eine Rebellion«

Vor dem großen Ausfall:

Im Jahr 2032 brach der Dritte Weltkrieg zwischen den USA, alliiert mit der EU und Russland, verbunden mit China, aus. Was zehn Jahre früher noch undenkbar gewesen war, trat ein: Russland und China gewannen und unterwarfen den Rest der Welt. Doch gerade als man hoffte, die nun bestehenden Großmächte Neu-China und Großrussland würden Frieden eintreten lassen, zettelte Neu-China einen weiteren Krieg an, der alle Länder der Welt betraf. Der Vierte Weltkrieg, begonnen 2066, forderte viele Millionen Tote auf beiden Seiten. Neu-China gelang es, die Kommunikation Großrusslands lahmzulegen und konnte somit durch einen einzigen Angriff auf dessen Hauptstadt New York den Sieg erringen. Die gesamte Welt stand nun unter chinesischem Kommando.

Der Megacomputer und die Entmaterialisierung: Der Vorgang der Entmaterialisierung, also der Rückführung von analogen Trägern in Biomasse, wurde bereits im Jahre 2058 entwickelt vom chinesischen Wissenschaftler Liu Xeng. Er hatte die Idee, dass wenn man sämtliche Informationsträger der Welt in ihre atomaren Bestandteile zerlegen und somit Materialien einsparen könnte, nicht nur das Konsumproblem, sondern auch sämtliche Müllhalden der Welt verschwinden würden.

Nach zehn Jahren des Forschens war das Endprodukt bereits auf dem Weg, produziert zu werden, doch die Regierung Neu-Chinas stoppte den Prozess, bevor er begonnen werden konnte. Zumindest für die Öffentlichkeit. Im Geheimen wurde ein Megacomputer mit dem sogenannten »Digitalen Endgerät« für jeden Menschen, der auf Informationen zugreifen will, erfunden. Man nahm sämtliche Rohstoffe in die Hand, die man nun mit der Entmaterialisierung bekommen konnte und begann, sich auf den Vierten Weltkrieg vorzubereiten. Denn das Herrscherpaar von Neu-China hatte entschieden: Es kann nur eine große Macht geben, die die Welt regiert und dies sollte Neu-China sein.

2064 trat der Megacomputer in Kraft, um nicht nur Wissen zu speichern, sondern auch die letzten Jahre der Kriegsvorbereitungen zu überwachen. Es war auch eine Überwachung, denn alle Einwohner von Neu-China wurden dazu gezwungen, sich ein digitales Endgerät anzuschaffen und sämtliche alten Computer, Laptops, Tablets und Handys abzugeben, damit diese entmaterialisiert und daraus Waffen hergestellt werden konnten. Wer dies nicht tat, wurde als Spion Großrusslands verstanden und hinter Gitter gebracht. Der Megacomputer ließ zwar Kommunikation durch Telefonate, Videocalls und Textchats zu, doch er drehte jeden Buchstaben und jedes Wort zweimal um, um mögliche Spione aus dem Ausland zu finden, sodass keine Informationen die neuchinesische Grenze verlassen konnten.

Vierter Weltkrieg … und dann?

Die Vorbereitungen Neu-Chinas auf den Vierten Weltkrieg liefen so gut, dass der erste Schlag bereits im Oktober des Jahres 2066 durchgeführt werden konnte. Sehr zum Leidwesen Großrusslands, das erst wenige Tage zuvor durch einen Flüchtling von den jahrelangen Vorbereitungen erfahren hatte. In Großrussland herrschten zu dieser Zeit schwere Aufstände, die die Regierung mithilfe des Militärs niederzuschlagen versuchte. So hatte man viel zu wenige Truppen vor Ort in der Hauptstadt. Als man versuchte, Truppen zusammenzusammeln, schlug dies aufgrund von Riesenchaos fehl, da die Bevölkerung ebenfalls Wind von der Aufrüstung Neu-Chinas bekam. Dadurch kam es zu einem großen Durcheinander in den Kommandozentralen, da vollkommen gegensätzliche Befehle geäußert wurden, was dazu führte, dass Großrussland viel zu langsam auf die neu-chinesischen Angriffe reagierte. Nur eine notdürftige Abwehr konnte zusammengetrommelt werden, die allerdings bereits beim ersten Angriff Neu-Chinas in die Knie gezwungen und durch zwei Orbitalraketen fast vollständig ausgelöscht wurde. Die Bevölkerung wurde noch unruhiger, wodurch sich der Aufbruch der Truppen in Richtung ihrer Positionen noch weiter verzögerte.

Großrussland schaffte es somit nicht, sich zu verteidigen und so drangen bereits im Dezember neu-chinesische Truppen in großrussländisches Staatsgebiet ein. Ein einzelner Hackerangriff und zwei Atomraketen im Juni 2067 genügten, um die Kommunikation Großrusslands für mehrere Stunden lahmzulegen und als die Generäle am Morgen des 14.06.2067 versuchten, ihre Truppen per Funk zu erreichen, kam nur ein Rauschen zurück. Während des Funkausfalls war fast die gesamte Armee Großrusslands zerstört worden, nur in einigen Randgebieten und in der Hauptstadt Neryuglebsk, ehemals New York, waren noch Soldaten in der Lage zu kämpfen. Wenn man seinen Blick nach oben gen Himmel richtete, konnte man die Orbitalraketen klar sehen, die eine halbe Stunde später ganz Neryuglebsk vernichten sollten. Für eine Evakuierung war es zu spät. So starben an diesem verhängnisvollen Tag rund sieben Millionen Menschen, darunter der Kaiser Großrusslands mit seiner Familie sowie die gesamte militärische Führungsriege. Nun war Platz geschaffen, um das neu-chinesische

Empire zu gründen, das die gesamte Menschheit für 68 Jahre regieren sollte. Die Entmaterialisierung fraß sich nun auch durch das ehemals großrussische Gebiet. Durch den Megacomputer war jetzt jeder einzelne Mensch überwacht, wodurch Aufstände und Regierungsstürze sofort im Keim erstickt werden konnten.

Der große Ausfall:

Für rund 45 Jahre lief das System des Megacomputers einwandfrei und fast alles, was man aus den zerstörten Städten verwerten konnte, wurde in Biomasse umgewandelt. Man hatte sämtliche Fabriken, die zuvor für Buchdruck und vieles mehr genutzt wurden, entweder zur Entmaterialisierung umgebaut oder abgerissen, um Platz für den Lebensmittelanbau, Tierzucht oder einfach Natur zu schaffen.

Deshalb war der Absturz des Megacomputers eine absolute Katastrophe. Sämtliches Wissen, das dort gespeichert war, ging verloren, die Kommunikation riss weltweit ab, sämtliches, was mit ihm verbunden war, kam zum Stillstand und das digitale Endgerät konnte man eigentlich wegschmeißen, da es ohne Internetzugriff unbrauchbar war. Breite Teile der Weltbevölkerung begannen im Untergrund eine Rebellion gegen das neu-chinesische Empire zu planen, die die Welt bereits ein halbes Jahr später in ein noch größeres Chaos stürzte. Zudem brach die Wissenssucht aus, wegen der die Menschen begannen, sich gegenseitig zu verletzen und zu bedrohen, um an das Wissen zu kommen, das der andere besaß.

Das Regime versuchte mit allen Mitteln, gegen die Katastrophe vorzugehen, die Lage zu beruhigen und das System, also den Megacomputer, wieder zum Laufen zu bringen. Doch mit allen Daten, die den Computer vielleicht hätten retten können, nur auf dem Computer selbst und ohne irgendeine Art von Back-up, war es für die Wissenschaftler und Techniker unmöglich, das Gerät zu retten. Die nächste Überlegung war, einen neuen Megacomputer zu bauen, um wenigstens die weltweite Kommunikation wiederherzustellen, doch auch dafür war zu wenig Wissen in den Köpfen der Menschen. So fand man sich damit ab, dass es keine Möglichkeit mehr gab, mit weiter entfernt wohnenden Menschen zu kommunizieren, ohne sie zu besuchen. Glücklicherweise gibt es noch Fahrzeuge, die manuell gesteuert werden können. Doch fast alle Maschinen, die man bis vor 80 Jahren noch hatte, müssen neu erfunden werden.

Noch bis heute merkt man die Auswirkungen des Megacomputers und viele zweifeln daran, ob er eine gute Erfindung war.

Lina Hilberg

»Nach fünf Jahren wurden die ersten Tageszeitungen aus Papier herausgebracht«

Vor 20 Jahren ist der Megarechner ausgefallen. Die meisten von Ihnen werden sich wahrscheinlich daran erinnern. Es war ein Schockmoment für uns alle und viele Dinge, die vorher für uns selbstverständlich waren, konnten wir nicht mehr tun, da wir das Wissen dazu nicht mehr hatten.

Ich selbst erinnere mich noch daran: Ich war gerade auf der Arbeit, als plötzlich mein digitales Endgerät, welches mit dem Megarechner verbunden war, ausfiel. Zunächst dachte ich, dass mein Endgerät kaputt war, aber als auch meine Arbeitskollegen ihres nicht mehr benutzen konnten, verfielen wir alle in Panik. Wir wussten nicht, was los war. Wir waren völlig abgeschnitten von der Welt und hatten keine Chance darauf, Informationen von außen zu erhalten.

Ich arbeitete in einem höher gelegenen Gebäude mit gutem Blick auf den Marktplatz, sodass ich sehen konnte, dass sich dort immer mehr Menschen versammelten. Ich konnte die Aufregung der Menschen deutlich erkennen; alle unterhielten sich aufgeregt und viele waren völlig aufgelöst. Ich war wie in Trance und erinnere mich nur noch schleierhaft daran, dass ich auch rausgegangen bin und mich von den Menschen zum Marktplatz tragen ließ. Als ich dort ankam, war es schon sehr voll und ich konnte mich kaum bewegen. Meine Arbeitskollegen hatte ich schon längst verloren und ich fragte mich, wie es wohl meinen Kindern ergangen war. Sie gingen zu der Zeit in die Schule. Damals war das Konzept der Schule schon ganz anders als zu der Zeit, als ich sie noch besuchte. Den Kindern wurde kein faktisches Wissen vermittelt, wie ich es noch gewohnt war. Sie lernten stattdessen, was ihre Stärken waren, wie sie sich gegenseitig ergänzen und sich ihre Stärken zunutze machen können. Ein Aneignen von anderem Wissen war nicht nötig, denn alles war auf dem Megarechner gespeichert und somit jederzeit für uns verfügbar.

Nach einigem Warten kam dann der Bürgermeister raus, er sah völlig gestresst aus. Er verkündete uns, dass er selbst nicht wisse, was los sei und dass wir alle nach Hause gehen sollten. Morgen um die Mittagszeit sollten wir wiederkommen, wenn unsere digitalen Endgeräte bis dahin immer noch nicht funktionierten. Ein weiteres Problem, das mir da bewusst wurde, war, dass ich die Uhrzeit ohne mein digitales Endgerät gar nicht sehen konnte. Dies war wohl auch dem Bürgermeister aufgefallen, weshalb er die schwammige Aussage über die Mittagszeit getroffen hatte.

Ich ging also nach Hause. Kurze Zeit später kamen zum Glück auch meine Kinder, die von der Schule nach Hause geschickt worden waren. Als der erste Schock abgeklungen war, wussten wir nicht, was wir tun sollten. Uns war total langweilig, normalerweise waren wir alle damit beschäftigt, uns Nachrichten oder andere Dinge auf unserem digitalen Endgerät anzuschauen, weshalb wir keine Ideen hatten, was wir machen sollten. Irgendwo in einer sehr verstaubten Ecke fand ich dann noch ein Brettspiel aus meiner Kindheit.

Am nächsten Tag funktionierten unsere Endgeräte immer noch nicht, und ich ging also um die Mittagszeit zum Marktplatz. Es war sogar noch voller als am Vortag. Als der Bürgermeister rauskam, verkündete er uns, dass der Megarechner ausgefallen war und man nicht wisse, wann dieser wieder funktionstüchtig sein würde. Er berichtete uns, dass er, um an diese Information zu kommen, extra nach Berlin zu unserem Regierungshauptsitz fahren musste. Zum Glück gab es noch einige wenige Leute, die wussten, wie man Auto fährt, denn das hatte auch unser digitales Endgerät für uns übernommen. Unser Leben war so automatisiert, dass die einfachsten Dinge einem nun Probleme bereiteten.

Mit dieser Ungewissheit machte ich mich auf den Weg nach Hause. Vorher machte ich jedoch beim Supermarkt Halt, da ich noch einige Lebensmittel brauchte. Doch als ich dort ankam, waren die meisten Regale leer, nur noch ein paar Überbleibsel waren zu finden. Mich ergriff Panik, ich nahm alles mit, was ich noch finden konnte. Was war, wenn die Supermärkte nicht mehr beliefert werden konnten, da sich niemand mehr fand, der fahren konnte? Oder noch schlimmer, was war, wenn die Firmen keine Produkte mehr herstellen konnten, da ihre Informationen dazu auch weg waren? Mit noch mehr Sorgen ging ich heim.

Einige Tage hörte man dann nichts mehr. Wir blieben alle zu Hause, doch dort musste ich mich einigen Herausforderungen stellen. Wie ging das noch mal mit dem Wäschewaschen? Und wie kriege ich den Herd an? Zuvor konnte man einfach sein digitales Endgerät mit den Haushaltsgeräten verbinden und dann lief alles automatisiert ab. Zum Glück hatte ich eine ältere Dame in der Nachbarschaft, die mir bei vielen Dingen helfen konnte. Aber das schlimmste Problem war die Langeweile. Das Unterhaltungsprogramm hatte zuvor komplett auf meinem digitalen Endgerät stattgefunden. Das Einzige, was mir blieb, war Sport zu treiben und mir mit meinen Kindern neue Aktivitäten auszudenken. In dieser Zeit erfanden wir viele Spiele, die wir bis heute noch spielen.

Bald bekamen wir dann Flugblätter mit Informationen. Da wir keine Briefkästen mehr hatten, denn wir bekamen alle unsere

Informationen über die digitalen Endgeräte, musste an jeder Haustür jemand klingeln und die Flugblätter persönlich abgeben. Anscheinend wurde irgendjemand ausfindig gemacht, der wusste, wie man auf Papier schreibt und dies vervielfältigt. Man konnte auch von Glück reden, dass viele Menschen noch heimlich etwas Papier aufbewahrt hatten, denn eigentlich kam vor einigen Jahren der Aufruf der Regierung, sein ganzes Papier abzugeben, damit dieses in Biomasse umgewandelt werden konnte. Auf dem Flugblatt wurde uns mitgeteilt, dass der Megarechner kaputt sei und nun viele Techniker probieren, ihn wieder zu reparieren. Andere forschten daran, ein anderweitiges Kommunikationsnetz aufzubauen. Nach fast einem Jahr bekam jeder Haushalt ein Telefon, mit dem man nur telefonieren konnte. Somit konnten wir uns wieder untereinander verständigen und Nachrichten von der Regierung erfahren. Jeden Abend um 20:00 Uhr bekamen wir über unseren Telefonanschluss Nachrichten von der Regierung mitgeteilt, wie eine Radiosendung, die an alle Telefonanschlüsse weitergeleitet wurde.

Die Sache mit der Lebensmittelproduktion stellte sich als ein noch sehr viel größeres Problem dar, als ich erwartet hatte. Wochenlang gab es gar nichts im Supermarkt. Wir mussten mit dem auskommen, was wir noch im Haus hatten und den Rest der Zeit hungerten wir. Nach einigen Wochen gab es dann endlich wieder ein paar Produkte im Supermarkt, jedoch nur unverarbeitete Dinge wie Eier, Obst, Gemüse … Außerdem gab es von allem viel zu wenig, da ohne die Maschinen nur sehr langsam und sehr wenig hergestellt und verkauft werden konnte. An den Supermärkten gab es immer lange Schlangen und man konnte froh sein, wenn man überhaupt etwas bekam. Es brach eine kurze Hungersnot aus, denn bis die Leute wieder herausgefunden hatten, wie man Brot oder ähnliche Dinge selbst herstellte, dauerte es eine Weile. Die ersten fünf Jahre nach dem Ausfall des Megarechners waren echt schwer. Meine Arbeit konnte ich gar nicht mehr ausüben, da diese ohne den Megarechner unmöglich war. Somit hatten wir kein Geld mehr und lebten in sehr ärmlichen Verhältnissen. Wir mussten sogar unser Haus verkaufen und in eine kleine Wohnung ziehen.

Nach fünf Jahren wurden die ersten Tageszeitungen aus Papier herausgebracht. Dort konnte man sich über Aktuelles informieren, oft wurde aber auch Wissen geteilt, an das sich einzelne Menschen wieder erinnern konnten. Dies war sehr hilfreich und immer, wenn es wieder so einen Artikel gab, heftete ich ihn mir ab. Nach acht Jahren fand ich dann Arbeit in der Lebensmittelproduktion. Da diese durch den Ausfall des Megarechners um viele Schritte zurückgeworfen wurde, gab es dort wieder viel händisch zu tun, denn die Maschinen wurden vorher alle mithilfe des Megarechners betrieben. Viele Menschen, die wie ich ihre alte Arbeit verloren hatten, fanden nun wieder neue.

Nach zehn Jahren gelang den Forschern dann der Durchbruch, der Megarechner konnte wieder repariert werden. Alle freuten sich und es kam zu einer derartigen Überflutung von Medien, dass man gar nicht mehr wusste, was man sich zuerst anschauen sollte. Die Regierung bedankte sich für unser Durchhaltevermögen und ehrte die Forscher. Verloren gegangenes Wissen konnte nun wieder abgerufen werden und viele Arbeitsplätze wurden erneut durch den Megarechner ersetzt. Ich verlor ein zweites Mal meinen Arbeitsplatz. Zum Glück fand ich diesmal jedoch schnell einen neuen.

Obwohl der Megarechner wieder funktionierte, hatten alle aus der Situation gelernt und es veränderte sich viel. Die Regierung wies an, dass Wissen in der Schule wieder vermittelt werden müsse. Außerdem wurde das Drucken von Büchern wieder aufgenommen. Sachbücher wurden als Erstes gedruckt, dies konnte alles mit dem Wissensspeicher des Megarechners geschehen. Viele Menschen änderten ihre Einstellung, sie machten sich unabhängiger vom Wissen des Megarechners, viele merkten sich wieder viel mehr und lernten, die Dinge wieder selbst zu tun.

Auch die Regierung entwickelte ein Notfallsystem der Nachrichtenversorgung, falls es wieder zu einem Ausfall des Megarechners kommen sollte. Es wurde verordnet, dass es in jedem Bundesland mindestens eine Bücherei mit physisch gesichertem Wissen geben muss.

Auch mein Leben hat sich verändert. Ich weiß nun viel mehr alltägliche Dinge, bei denen ich mich früher auf das Wissen des Megarechners verlassen habe. Außerdem habe ich eine bessere Bindung zu meinen Kindern aufgebaut, wir unterhalten uns mehr und unternehmen Dinge zusammen, anstatt nur in unsere digitalen Endgeräte vertieft zu sein. Auch wenn vor allem die ersten fünf Jahre nach Ausfall des Megarechners eine echt harte Zeit waren, kann ich jetzt, nach 20 Jahren rückblickend sagen, dass es wichtig war, dass dieser passiert ist. Ein Leben ohne Megarechner wäre jetzt möglich und wir sind auf so eine Extremsituation vorbereitet. Ich glaube, alle haben viel aus dieser Situation gelernt und sind ein Stück unabhängiger vom Wissen des Megarechners geworden.

Ebba Heck

»Bleiben Sie Ihrem Verstand treu«

Heute vor genau 20 Jahren fiel der Megarechner aus, was uns quasi wieder in die Zeit des Mittelalters zurückversetzte.

Da mit dem Ausfall des Rechners auch jegliche Kommunikation auf Distanz nicht mehr möglich war, war zum einen erst mal nicht klar, was passiert war. Was mich jedoch noch mehr schockte waren die Konsequenzen und Konflikte, die sich aus diesem Ereignis ergaben.

Es war nicht nur das Wissen beziehungsweise die Aufzeichnungen aller bekannten Dinge, es war die komplette Geschichte der Nationen, Wissenschaft und Musik, aber vor allem auch der Religionen und gar ganzen Kulturen, die verloren gingen.

Mein erster Gedanke war zum einen, wie wir das System wieder aufbauen können und zum anderen, dieser Punkt schien mir noch wichtiger: wie wir die Gesellschaft am Laufen halten und vor komplettem Stillstand bewahren konnten.

Heute, 20 Jahre später, wissen wir, welche schlimmen Folgen dieses Ereignis nach sich gezogen hat, was wir jedoch auch wissen, ist, dass es wieder besser wurde. Wenn dies nicht der Fall gewesen wäre, könnten Sie diesen Kommentar nicht in einer öffentlichen Zeitung lesen.

Aufgrund der immensen Abhängigkeit der Menschheit von diesem Megarechner war ein schneller Wiederaufbau des Rechners mit analog zusammengetragenem Wissen nicht einfach: Wie sollte es zusammengetragen und auf Richtigkeit geprüft werden? Wie soll der Plan verbreitet werden und wie wissen wir, was getan werden muss und soll? All diese Fragen waren ungeklärt und blieben dies auch erst mal. Ein solch schlimmes Ereignis löst viele starke Emotionen aus wie Unsicherheit und Angst, was die gewalttätigen Handlungen, die auf uns zukamen, nicht rechtfertigt, aber meiner Meinung nach sehr absehbar gemacht hat. Viele begangen Suizid aus Verzweiflung, andere fingen an, sich zu bekämpfen. Was zuerst noch auf lokaler Ebene ausgetragen wurde, begann schnell überregional zu werden. Nicht nur emotionale Einflüsse prägten den Konflikt, auch existenzielle wie Kultur und Religion, aber auch andere Zugehörigkeiten. Auf der ganzen Welt starben Menschen, was ein Anknüpfen an den Tag vor dem 04.11.2125 noch mehr erschwerte. Es war nach einiger Zeit klar, dass dies eine Zeitwende bedeutete, wie sie es noch nie gegeben hat.

Durch die tiefgreifende Verzweiflung vieler Menschen und vor allem derjenigen, welche viel Macht besaßen und auf einmal machtlos wurden, eskalierte die Situation. Die Überforderung drückte sich zuerst in Straßenkämpfen aus, wurde jedoch schnell zu Bürgerkriegen. Die ganze Welt verfiel Kriegen, die zuerst sehr klein schienen, da man sich nicht über die Auswirkungen anderorts sicher sein konnte.

Die Kriege konnten aufgrund fehlendem Zugang zu Landkarten, Satellitenaufnahmen oder Bedienungsanleitungen zum Glück nicht in einen Dritten Weltkrieg übergehen, da sie nicht länderübergreifend stattfinden konnten, rotteten aber trotzdem fast die gesamte Menschheit aus. Ohne politische Instanzen, die das Zusammenleben regelten, da Kommunikation und Verständigung weder auf kommunaler noch regionaler Ebene möglich war, ohne die Durchsetzung und Instandhaltung vorhandener Gesetze und Abläufe, ohne internationalen oder gar nationalen Handel, ohne Arbeit, die am Computer verrichtet werden musste und Online-

Kommunikation konnte die Gesellschaft, wie wir sie kannten, nicht funktionieren.

Nach Einführung von KI in den 2010er- und 2020er-Jahren wurde fast alles automatisiert und Wissen wurde sich nicht mehr eingeprägt, was einen schnellen Wiederaufbau fast unmöglich machte. Bestehende Infrastruktur, Stadtpläne, Landkarten, Baupläne oder auch simple Musiknoten, Rezepte waren nicht nutzbar, weil man nicht auf sie zugreifen konnte. Die Lebensmittel wurden deswegen knapp und man wollte nur sein Überleben sichern. Dieser Zustand bestand über viele Jahre, bis sich Strukturen wieder bilden konnten und ein geregelterer Tagesablauf möglich war.

Da nun einiges an neuem Wissen vorhanden war, war ein Aufbau eines Systems aus altem, aber auch ganz neuem absehbar. All dies begann erst vor ein paar Jahren. Es fühlt sich an, als hätte ich die Geschichte der Menschheit im Schnelldurchlauf neu erlebt.

Auch wenn wir noch lange nicht auf dem Stand sind, auf dem wir mal waren, appelliere ich an alle in dieser analogen Zeitung, dass eine derartige Abhängigkeit von einem Rechner, KI oder auch nur unseren Endgeräten in privaten, aber vor allem staatlichen und wirtschaftlichen Umständen nie wieder bestehen darf. Ich appelliere aber auch an Sie als Leser: Bleiben Sie Ihrem Verstand treu. Und vor allem: Verlassen Sie sich nicht auf einen Rechner. Hören Sie nicht auf zu lernen, damit ein solches Ereignis nie wieder passieren kann.

Elias Hupe

»Man kann sich nur noch aus dem Gedächtnis erinnern, warum man so glaubt, wie man glaubt«

Würde dieses Szenario eintreten, wären alle (digitalen) Kulturgüter, alles Wissen, was sich Menschen über Jahrhunderte angeeignet haben, mit einem Fingerschnipsen fort. Das würde vermutlich bedeuten, dass große Teile unserer kollektiven Erinnerung verloren gingen. Menschliches Versagen, menschliche Abgründe, Ereignisse, die sich niemals wiederholen dürfen, könnten sich wiederholen und einfach vergessen werden. Im Jahre 2125, 180 Jahre nach dem Dritten Reich und den Atombombenabwürfen über Hiroshima und Nagasaki, liegen die Erinnerungen daran schon weit zurück, aber dennoch gehe ich davon aus, dass man sich noch an diese Zeiten erinnert und es immer noch Menschen gibt, die probieren, das Erinnerte nicht zu wiederholen.

Schaut man sich als Vergleich nun aber die heutige Zeit an, das Jahr 2024, sieht man schon jetzt, dass Erinnerungen nicht gegen aufstrebende Populisten helfen, die Erde weiter zerstört wird, obwohl der Klimawandel bekannt ist und Menschen immer noch elendig an Krieg und Hunger sterben. Die kollektive Erinnerung der Menschen an vergangene Ereignisse wie den Holocaust nimmt immer mehr ab, das lässt sich besonders in unserer Generation beobachten. Jeder ist vernarrt in sein Smartphone und die reale Welt wird weitgehend ausgeblendet. Wichtige Entscheidungen über die eigene Zukunft wie die Bundestagswahl werden vernachlässigt. Kultur ist vielen nicht mehr wichtig.

Ungefähr so sieht es bei den meisten Menschen im Jahr 2125 vermutlich auch aus, mit dem erheblichen Unterschied, dass man die Vergangenheit noch weniger spürt. Denn wer schon mal vor der Cheops-Pyramide in Ägypten stand und sie mit bloßem Auge ohne Filter gesehen hat, der muss wissen, was für eine menschliche Leistung und was für eine Anstrengung dahintersteckt. Schon jetzt können wir uns viele Weltwunder wie die Hängenden Gärten von Babylon oder die Zeus-Statue von Phidias in Olympia nur noch vorstellen, aber dennoch wissen wir, dass sie existiert haben. Diese Bewunderung der Menschheit und der Vergangenheit wäre fast verloren. Das Wissen wird vermutlich noch über Jahrhunderte weitergegeben, aber es wird immer mehr verschwimmen und ohne eine Quelle aus der Vergangenheit kann nur ein ungenauer Ansatz einer Vorstellung der Vergangenheit existieren.

Die Individualität der Menschen könnte verloren gehen. Denn auf einmal steht man in einem leeren Raum, der vorher noch voll war mit verschiedenen Musikrichtungen, Büchern, Filmen und so vielem mehr. Worüber kann sich ein Mensch noch definieren, wenn nichts mehr da ist? Die Menschen überall auf der Welt wären vollkommen aufgeschmissen. Durch dieses »Wissensvakuum« könnte es dazu kommen, dass Menschen anders über ihre Nationalität denken, denn wer erinnert sich dann noch, warum Israel und Palästina verfeindet sind? Die Menschen müssten abwägen, ob sie einen Krieg ohne feste Beweise aus dem »Supercomputer« weiterführen wollen, begründet ausschließlich auf Erzählungen. Es könnte somit zu mehr Frieden kommen, denn warum sollte man einen Krieg führen, ohne zu wissen, warum man ihn führt? Andererseits könnte es auch zum genauen Gegenteil kommen, indem Populisten und Antidemokraten ungebremst und ohne jede

Faktengrundlage Lügen und Hass in der Welt verbreiten können. Auch könnten sich politische Richtungen radikal umstrukturieren. Wer kann sich dann noch auf Marx kommunistisches Manifest beziehen? Natürlich würden sich die Menschen noch an ihre politische Haltung erinnern und daran festhalten, aber ohne eine Faktenbasis wird es schwieriger, dies in aller Härte zu tun. Dementsprechend könnte sich eine neue politische Strömung entwickeln, die alte Ideale hinter sich lässt und Neues aufbaut. Das könnte chaotisch werden, da sich Gruppierungen bilden könnten, die probieren, Territorien zu erobern oder die Geschichte zu ihren Gunsten umzuschreiben. Länderbündnisse wie die NATO müssten noch mal neu über Ziele und Interessen diskutieren und alte Beschlüsse überdenken oder gar neu beschließen, wenn diese nicht mehr vorhanden sind.

Die Dinge könnten sich auch in eine völlig andere Richtung entwickeln. Ohne Glaubensschriften wie die Bibel oder den Koran wird es schwieriger für Religionen (und Fundamentalisten), an ihren Überzeugungen festzuhalten. Denn auch wenn die religiöse Haltung nicht gleich weggefegt ist, ist dennoch der wahrscheinlich wichtigste Begleiter, nämlich das politische Regelwerk wie der Koran oder die Bibel weg und man kann sich nur noch aus dem Gedächtnis erinnern, warum man so glaubt, wie man glaubt. Die Menschen könnten einen Neustart auf der Erde beginnen oder sich ein für alle Mal ihr eigenes Grab schaufeln.

Ein hochinteressantes Gedankenspiel.

Josephine Jacksch

»Man hat herausgefunden, wie man eine Art Fahrrad baut«

Zusammengesammelt in Hunderten von Jahren. Unser Wissen. Wir verlassen uns darauf, dass es da ist. Doch was wäre, wenn es eines Tages plötzlich weg ist?

Wir befinden uns im Jahr 2125. Das Leben ist normal, man geht jeden Tag zur Schule, zur Uni oder zur Arbeit, man isst und trinkt und auch zum Sport geht man regelmäßig oder geht anderen Hobbys nach. Die meisten fahren auch immer noch mindestens einmal im Jahr in den Urlaub, ob Strand oder Berge, alles ist möglich.

Jedoch gibt es einen Unterschied, denn alles, alles, was man sich vorstellen kann, läuft über ein digitales Endgerät. Der ganze Tag wird darüber geplant: Wann man zur Schule oder zur Arbeit geht und wann man wieder nach Hause geht. Die Kommunikation läuft selbstverständlich auch nur über die Endgeräte, sogar die Politiker haben keinen anderen Weg zu kommunizieren.

Kaum vorstellbar, doch es gibt keine Computer oder Laptops mehr, diese werden durch die Endgeräte nicht mehr benötigt. Noch extremer ist jedoch, dass es kein Wissen mehr in physischer Form gibt, denn alles, was man wissen muss, ist auf den Endgeräten gespeichert. Wirklich alles, egal ob Tutanchamuns Schätze, welche mit speziellen 3-D-Aufnahmesystemen gespeichert wurden, die Bibel oder Mozarts Musikstücke. Auf den Endgeräten findet man das ganze Wissen, was in den letzten Hunderten von Jahren gesammelt wurde. Dies klingt unvorstellbar, dennoch ist es möglich, denn die Endgeräte allein laufen über einen Megarechner und somit kann alles digital abgespeichert werden. Das Leben ist einfach, es lässt sich sehr gut leben ohne Probleme. Man hat alles immer auf einen Blick.

Doch was ist, wenn eines Tages alles weg ist und man mit dem Leben wieder bei null anfängt? Plötzlich tauchen ganz viele Fragen auf: Wer weiß etwas? Wer hat genug Wissen, das er teilen kann? Wann hat man das ganze Wissen wieder beisammen oder wird dies überhaupt jemals der Fall sein? Was ist mit dem technischen Fortschritt?

Es herrscht Chaos in der Welt im Jahr 2125, als eines Tages der Megarechner nicht mehr funktionstüchtig und all das gespeicherte Wissen weg ist. Jahrhundertelange Forschungsarbeit, archäologische Schätze, poetische Texte und noch vieles mehr wie mathematische Formeln und grammatikalische Vorschriften sind einfach weg. Es existiert nur noch das Wissen in den Köpfen der Menschen.

Doch wie viel wissen diese überhaupt? Denn wenn man sich darauf verlässt, immer ein digitales Endgerät dabei zu haben, muss man gar nicht so viel im Kopf behalten. Vieles im Leben funktioniert nicht mehr richtig, denn alles war auf die Nutzung des digitalen Endgeräts abgestimmt. Dadurch ist nicht nur das Wissen weg, sondern auch die Lebenspläne der Menschen. Wie sollen sie jeden Tag zur Schule, zur Uni oder zur Arbeit gehen? Sämtliches Material und Notizen, die man für die Arbeit benötigt, gingen verloren. Zumindest dieses Problem pendelt sich aber zügig wieder ein, da sich noch recht viele an ihre täglichen Abläufe und Wege erinnern können. Somit ist einerseits der Hinweg zur Arbeit beziehungsweise Schule keine große Herausforderung mehr. Notizen werden so weit wie möglich rekonstruiert, sobald die Möglichkeit, Dinge zu notieren, durch die Produktionsaufnahme von Pergamentpapier wieder möglich ist. Somit ist auch das Problem der Kommunikation nach einigen Monaten geklärt, denn man schickt sich nun wieder Briefe zu. Dies funktionierte am Anfang nicht so reibungslos, da Adressen unbekannt waren und sich niemand zuständig fühlte, die Briefe zu verteilen. Jedoch wurden fast alle Schwierigkeiten nach wenigen Jahren beseitigt. Doch was ist mit dem Wissen, das den Menschen ausmacht?

Wir haben das Jahr 2145, der Vorfall mit dem Megarechner ist nun 20 Jahre her. Die Kommunikation läuft weiterhin über Briefe, denn man hat vor allem Probleme damit, das technische Wissen, welches verloren gegangen ist, wiederherzustellen. Es haben schon viele Leute herumexperimentiert, dennoch kommt keiner auf eine Lösung für die Frage, wie denn so ein digitales Endgerät gebaut wurde. Vermutlich liegt das auch daran, dass in den letzten 50 Jahren vor dem Vorfall alles nur noch mit Robotern produziert wurde. Dies ist auch in anderen Lebensbereichen ein Problem.

Autos werden nun auch immer weniger genutzt, da niemand eine Ahnung hat, wie diese repariert oder überhaupt gebaut werden. Allerdings hat man in den letzten 20 Jahren herausgefunden, wie man eine Art Fahrrad baut, dennoch bewegt sich die Mehrheit immer noch zu Fuß fort. Denn die neuen Fahrräder sind unpraktisch, da sie durch ungeübte Produktion nicht sehr langlebig und kompliziert zu steuern sind. Auch mit der Ernährung gab es ein paar Probleme, denn fast alles wurde ab dem Jahr 2110 in Laboren von Robotern produziert. Allerdings wurden wieder schnell Felder bebaut und die Lebensmittelproduktion von Menschen gemacht, wodurch nach fünf bis zehn Jahren das Essen und Trinken wieder gesichert war. Dies war aber nur möglich, da sich einige ältere Menschen noch an die Landwirtschaft vor den Robotern erinnerten.

Durch Erinnerungen versuchte man auch das ganze andere Wissen wiederherzustellen, doch dies wird noch einige Jahre dauern. Denn es ist sehr schwierig, durch die einfache Briefkommunikation Menschen zu finden, die das Wissen noch in ihrem Kopf haben und umso länger man noch braucht, diese zu finden, umso mehr werden sie das Wissen wieder vergessen haben. Denn wie will man allen Menschen mitteilen, sie sollen einfach ihr ganzes Wissen auf Pergamentrollen notieren, bis sie kontaktiert werden, wenn es nicht einmal Nachrichtendienste gibt oder Newsletter, da hierfür immer noch die technischen Mittel fehlen?

Problematisch ist dies auch, da man das verlorene Wissen nicht einfach neu erarbeiten kann, da alle Grundlagen (Tutanchamuns Schätze, die Bibel …) dafür zerstört wurden. Somit kommt man außer der Erinnerung und dem eigenen Wissen der Menschen nicht mehr an das verlorene Wissen heran. Neues Wissen aufzubauen ist an diesem Punkt auch unrealistisch, da erst einmal die technischen Mittel fehlen und es kaum neues Wissen gibt, denn alles, was man gewusst hat, existiert nicht mehr und viel Neues hat sich auch noch nicht entwickelt. Denn für Wissen benötigt man eine Grundlage, ein Basiswissen, ohne dieses lässt sich schwierig etwas Neues aufbauen.

Darauf zu schließen, dass das verlorene Wissen nun wirklich auch für immer verschwunden ist, klingt aus heutiger Sicht unvorstellbar. Dennoch ist es meiner Meinung nach möglich, denn wer weiß schon jetzt, was im Jahr 2125 passiert?

Lisa Knieriemen-Aparicio

»Der Mensch als Schöpfer wurde das neue Leitmotiv«

Gewiss wissen Sie alle von der Megarechner-Katastrophe im Jahr 2125. Manche von Ihnen hatten vielleicht mehr Gelegenheit, an Informationen zu kommen als andere. Doch an das Kernproblem erinnern sich die Älteren unter Ihnen gewiss.

Unser heiliges Artefakt des Weltbürgeramts, der Rechner, auf dem all unser Wissen über die Herstellung aller Produkte, die Erklärung aller physikalischen Phänomene, das kreative Erbe all unserer Vorfahren und auch die Kenntnis von der Funktionsweise des Menschen selbst gespeichert war, fiel plötzlich aus. Doch was geschah zuvor? Die folgende Vorgeschichte ist zusammengesetzt aus den Erzählungen der Ältesten unserer Mitbürger. Also verzeihen Sie Ungenauigkeiten.

Gemäß unserer Zeugen stand die Menschheit 2050 am Rande des Untergangs. Es waren viel zu viele Menschen für die limitierten Ressourcen, die unsere kleine Erde zu bieten hatte, also musste etwas geschehen. Große Konzerne verfügten über Wissen, wie man besser mit den Ressourcen haushalten könnte, doch da ihnen eine Veröffentlichung dieses Wissens keinen Profit brächte, lebten alle auf dieselbe verschwenderische Art weiter. Bis 2050 dann der letzte Baum gefällt, der letzte Stein gewetzt und der letzte Fluss stillgelegt war. Nun konnte man es nicht mehr leugnen: Das Ende war gekommen.

Doch dort kam schließlich eine Gruppe Forschender ins Spiel, die wir heute die Megaretter nennen. Sie schlugen vor, alles, was man entbehren konnte, zurück in Biomasse zu verwandeln. Jeder musste Opfer bringen. Nach großen Protesten – denn der Mensch, ergriffen von Egoismus, wollte nichts aufgeben – wurde beschlossen: Daran führt kein Weg vorbei. Alles, was nicht zum Überleben notwendig war, wurde in Biomasse verwandelt. Diejenigen Objekte, die Wissen enthielten, wie beispielsweise Bücher, wurden digitalisiert und in den Megarechner eingespeichert. Alle Konzerne, Handwerker, Gärtner, Ärzte, Astronauten und was es sonst noch gibt, waren angehalten, ihr Wissen in den Megarechner zu geben. Um auch an die letzten Ressourcen zu kommen, wurde schließlich auch alles von geschichtlicher Bedeutung umgewandelt; die Maya-Türme, der römische Limes und selbst die Pyramiden von Gizeh wurden aufgelöst und in den Megarechner eingespeichert. Jedes einzelne Atom der antiken Werke wurde durch neueste Technologie in Biomasse zurückgeführt. Auch wenn viel Trauer in der Luft lag, musste es sein.

Doch wie wir nun sehen können, hatte der Megarechner ein entscheidendes Manko: Es gab nur einen. Die Menschheit hatte alles auf eine Karte gesetzt und die Maschinerie konnte auch nie gewartet werden. Aus unserer heutigen Sicht erscheint es fast zwingend, dass das System einmal kollabieren sollte, oder nicht? Heutzutage sichern wir jede Powerpoint-Präsentation, jedes Bild und jede Rechnung noch einmal als Kopie auf einem Stick oder Ähnlichem, denn es kann immer etwas passieren: der Computer stürzt ab, es fällt Tee auf die Kamera, der Hund frisst die Rechnung… Wie konnte man also von einer unperfekten Welt erwarten, dass ein einziges System ohne Plan B für alle Zeit perfekt funktioniert? Man vertraute dem Megarechner blind.

Als an einem eisigen Februarmorgen der in der Antarktis stationierte Megarechner aus ungeklärten Umständen einfach heißlief und explodierte, traf es die Weltbevölkerung wie ein Schlag. Der Rechner, der für unser Leben so essenziell war wie die Luft zum Atmen, war irreparabel zerstört. Man war vollkommen isoliert. Zuvor hatte man seine Mitmenschen meist über das private, mit dem Megarechner verbundene, digitale Endgerät gesehen, denn es war praktisch und effizient. Wer möchte denn die ganze Uni durchlaufen, um seine Freunde zu sehen, wenn sie auch immer über das Endgerät bei einem sein können? Nun war man in einer hilflosen Lage. Zaghaft kamen Erste aus ihren Häusern, klopften bei ihren Nachbarn und machten sich zum ersten Mal Gedanken, wo man analog in Notfällen Hilfe finden könnte.

Aus der verängstigten Masse hoben sich langsam besondere Menschen hervor, sogenannte Mehrwisser. Einige von ihnen hatten seit jeher einen neugierigen Charakter gehabt und daher viele Informationen aus dem Rechner abgerufen. Sie wussten beispielsweise all die faszinierend vielen Schritte, um ein Brot zu backen. Andere hingegen hatten dieses Wissen nicht, sondern zeichneten sich durch ihre Fähigkeit, überzeugend zu lügen, aus. Jemand in meinem Nebenhaus hatte einige überzeugt, man könne auf den Mars springen, würde man eine Pyramide wie die in Gizeh bauen. Natürlich schien das albern, denn solch eine Ressourcenverschwendung war strikt untersagt, doch andere stellten sich geschickter an. Es bildeten sich Gruppen rund um die Mehrwisser und zwischen diesen Gruppen herrschte großes Misstrauen. Ein jeder war sich sicher, dass ihr Mehrwisser recht habe und die anderen Lügner seien.

In einem Punkt jedoch waren sich fast alle einig: Die Regierung weiß mehr als wir, deshalb muss sie eine Lösung haben. Die meisten machten sich also auf den Weg zu ihren Regierungen. Es war ein beschwerlicher und zäher Prozess, denn wie wusste man, wohin es ging? Bisher konnte man schließlich immer eine Navigation auf dem digitalen Endgerät starten. Die meisten begannen nach Lösungen zu suchen, ihr unterwegs gefundenes Wissen zu strukturieren. Man bediente sich an beinahe kindlichen Mitteln. Man nahm ein Stück Backpapier und zeichnete mit dem, das gerade zu haben war, darauf. Es war ein Prozess des Probierens und Scheiterns. Einige selbst ernannte Denker nannten dies die Natur des menschlichen Denkens. Viele Papiere gingen unterwegs verloren und es gab Überfälle, bei denen die Karten erobert wurden.

Bei den Regierungen angekommen, stellten viele fest, dass diese ebenfalls nur vom Megarechner abhängige Menschen waren. Aus Wut stellten einige Umsturzpläne auf, denn was gab diesen Menschen, die auch nicht schlauer als der Rest waren, das Recht, über andere zu entscheiden? Viele Gruppen versuchten zunächst, ihren Mehrdenker zum Regierungschef zu erheben, doch der Aufstand schwächte bald ab. Es gab vielerorts keine Lebensmittel mehr, denn die Zuständigen hatten sich ebenfalls auf den Weg zu den Regierungen gemacht und außerdem sorgten sich viele um ihre verlorenen Freunde und Familienmitglieder. Man einigte sich, die Regierungsfrage zu klären, sobald die Grundbedürfnisse geregelt und eine gewisse Ordnung eingekehrt waren. Zumindest verlief es bei uns so, in anderen Ländern sah es anders aus.

Man beschloss einen Vier-Punkte-Plan und nannte ihn, zusammen mit dem Beschluss, die alte Regierung zu erhalten, den Berliner Pakt. Er sah einen Neubau des Megarechners vor, nur sollte diesmal eine Kopie auf jedem Kontinent stehen, um einen Totalausfall zu verhindern. Dazu sollte ein Spezialtrupp im eigenen Land den Inhalt des Berliner Pakts verbreiten, Diplomaten in Nachbarländer ziehen und für die Idee des neuen Megarechners werben und Seefahrer zu anderen Kontinenten aufbrechen. All diese Gesandten sollten darüber hinaus heimlich Techniker, IT-Spezialisten, Physiker und Ingenieure verhören, ob sie nicht vielleicht auf illegalen Schleichwegen an geheimes Wissen zum Bau des Megarechners gekommen waren. Natürlich wäre dies ein schwieriges Unterfangen, denn zuvor stand auf einem solchen Datendiebstahl die Höchststrafe, doch unter hohen Geldsummen wird jeder käuflich, versicherte der Kanzler. Es sollten außerdem die Papier- und die Graphitstift-Produktion angefangen werden, damit jeder Bürger sein Wissen niederschreiben kann, damit dieses dann im Bundessammlungshof kategorisiert und geprüft werden konnte. Dieser Plan ging teilweise auf, doch einige Missionen scheiterten. Nach einem Jahr kehrte eine enttäuschte Delegation aus Taiwan zurück, die erfahren musste, dass das Land in der Zukunft nicht mehr sein Wissen teilen wollte. Nachdem sie lange verhandelt, gebettelt, gedroht und schließlich aufgegeben hatten, lag ein schwerer Weg vor ihnen, denn von nun an legte Taiwan ihnen Hürden in den Weg, um die Verbreitung von ihrem Ausstieg zu verlangsamen. So versprach sich das Land Rüstungsvorteile, um sich gegen die Bedrohung durch Nachbarländer wehren zu können. Auch in Europa beschlossen einige Länder, nicht mehr am Wissensaustausch teilzunehmen. Da dort das Leben verhältnismäßig gut verlief, kam Argwohn auf, denn der Verdacht lag nahe, dass die Länder heimlich Wissen auf Papier gelagert hatten und anderes gar nicht erst in den Megarechner eingespeichert hatten. Die Länder wurden gehasst und gefürchtet zugleich und Schreckensvorstellungen von atomaren Überfällen machten die Runde.

Irgendwann hatte sich die Panik gelegt. Man kehrte in seine Häuser zurück, gab Wissen an Kinder, Lehrlinge und Studenten weiter und besann sich zurück auf Logik und etwas, das Menschenverstand genannt wurde. Es zeigte sich, dass die Abhängigkeit vom Megarechner lediglich antrainiert war. Ein neues Selbstbewusstsein entstand. Der Mensch als Schöpfer wurde das neue Leitmotiv, unter dem hart gearbeitet wurde, um Wissen erneut festzuhalten und der Öffentlichkeit zur Verfügung zu stellen. Telefonmasten wurden nach altem Vorbild erbaut und man verband die digitalen Endgeräte über diese miteinander. Es gab viele Chancen, bekannt zu werden, wenn man sich an solche entscheidenden Informationen erinnerte oder sie fand. So erlangte beispielsweise ein Schweizer große Bekanntheit, da er im Keller seines Urururgroßonkels alle Aufzeichnungen zur Unschärferelation auf einer verstaubten Tafel fand.

Zwischen den Ländern entstanden neue Allianzen, es verbündete sich Deutschland mit China, um sich gegen Angriffe abzusichern. Auch schlossen sich gleichsprachige Länder zusammen, um gemeinsame Datenbanken aufzubauen und Informationsprüfungsinstitute in die Wege zu leiten. Es kam zu einer Zersplitterung des Weltbürgertums in viele kleine Landesbürgertume, denn die Welle des neuen Selbstbewusstseins der Menschen brachte die Idee eines neuen weltweiten Megarechners langsam zum Verschwinden. Einige Theoretiker hatten die Vermutung, dass eines Tages ein erneuter Megarechner nötig sei, denn Ressourcen sind noch immer endlich, doch bisher ist dies nicht geschehen. Der Wunsch entstand, etwas zu hinterlassen, das gewiss der Nachwelt erhalten bleiben wird. So begannen einige, ihre Liebsten zu zeichnen oder Denkmäler zu bauen. Hierbei orientierte man sich an den Erinnerungen an alte Gemälde, Skulpturen und Gebäude. Auch wenn der Schmerz des zweiten Verlusts aller Informationen über die Antike und die Römerzeit und sonstiger Epochen tief saß, gehen alle mit Elan an die Schöpfung neuer Artefakte heran, denn diese haben nun einen ganz neuen Wert. Jeder fühlt sich, als beeinflusse er einen neuen Abschnitt der Geschichte. Und mit diesem positiven Gefühl entlasse ich Sie nun wieder in Ihre jetzige Welt.

Nikolas Koch

»Der Wissenskonzentration entgegenwirken und stattdessen die Potenziale jedes Einzelnen entwickeln«

20 Jahre nach dem Ausfall des Megarechners ist die bisher bekannte Welt des 22. Jahrhunderts kaum wiederzuerkennen. Ein Prinzip, welches die Menschheit seit ihrem Ursprung schon immer begleitet hat und nur temporär durch die Entwicklung des Megarechners außer Kraft gesetzt wurde, bestimmt nun wieder das Leben aller. Dieses Prinzip lautete *scientia est potentia* – Wissen ist Macht.

Auch wenn die Menschheit ihren unmittelbaren Zugang zu ihrem gesamten Wissen scheinbar verloren hat, ist das Wissen nicht für immer weg – zumindest nicht alles Wissen. Durch ihre Berufe und Tätigkeiten, durch ihre Hobbys und ihre Freizeitaktivitäten gibt es viele Menschen, die sich ein unabhängiges Wissen in einem spezialisierten Feld angeeignet haben. Dies trifft vor allem auf jene zu, die ein genetisch bedingt gut ausgeprägtes Erinnerungsvermögen haben oder jene, die ihr Wissen so tief unterbewusst verankert haben, dass sie es im Schlaf nutzen könnten.

Die Menschen, die von nun an »Experten« genannt werden, steigen in zwei Dekaden an die Spitze unserer Gesellschaft auf. Ihr Wissen ist so wertvoll für die Gesellschaft, dass die Menschheit keine andere Wahl hat, als sie zu lassen. Man kann also sagen, dass das gesellschaftspolitische System technokratisch wurde.

Gleichzeitig ist das durch den Verlust des Megacomputers resultierende Trauma so groß für die Menschheit, dass viele, sogar viele Experten, eine Phobie gegen zu hoch entwickelte technologische Mittel wie den Megarechner oder KI entwickelten.

Produkte, die zunehmend von Experten selbst hergestellt werden, sind die bevorzugte Wahl, so sind zum Beispiel von Hand gemachte Möbel um ein Vielfaches wertvoller und begehrter als industriell verarbeitete Artikel.

Natürlich haben dieser Sinneswandel und die allmähliche Abkehr von technologischen Innovationen ihren Preis. Der Produktivitätsverlust bedeutet, dass die Gesellschaft insgesamt immer ärmer wird. Andererseits haben einige es in dem Jahrhundert zuvor geschafft, ihren Wohlstand und damit auch ihren materiellen Überfluss unermesslich zu steigern, weshalb der ökonomische Verlust für sie fast bedeutungslos erscheint.

Die Experten konnten das auf dem Computer gespeicherte Wissen nicht vollständig wiedererlangen. Diese Wissenslücken werden jedoch nach und nach durch »neues« Wissen ersetzt. Ob es sich bei diesem Wissen tatsächlich um neue Erkenntnisse handelt oder womöglich einfach nur altes wiederentdecktes Wissen ist, das weiß keiner so richtig. Es ist den Menschen auch nicht wichtig. Solange sich die neuen Erkenntnisse an den Ideen der Rückbesinnung auf die Traditionen orientieren, sind es gute Ideen. Was genau das aber tatsächlich heißt, da ist sich keiner – nicht mal die Experten – so genau sicher. Für die einen bedeutet dies den Anspruch, zu einem alten Idealzustand zurückzukehren, um so die aus dem Ruder gelaufene Fehlentwicklung, welche die Katastrophe erst möglich machte, für alle Zukunft zu vermeiden. Wiederum andere agieren nach dem Prinzip »Neues ist Anderes«, »Anderes ist Altes« und »Altes ist traditionelles und gutes Wissen«. Für sie besteht in dieser

Logik kein Widerspruch, da sie argumentieren, dass das Neue das Gegenteil vom Jetzt oder unmittelbar Vergangenen ist und somit dem Traditionellen gleichen muss: Also Progressivismus, der zu Konservatismus führt.

Dieser Anspruch wird in keinem anderen Bereich so deutlich wie in der Landwirtschaft. Aufgrund ihrer Bedeutung für die Menschheit als Mittel zur Erfüllung eines unserer existenziellen Grundbedürfnisse ist sie besonders anfällig für Katastrophen oder radikale Umbrüche. Denn bereits kleine Veränderungen können riesige Auswirkungen auf die landwirtschaftlichen Erträge und damit die Nahrungsmittelversorgung haben. Dabei können besonders Katastrophen wie Wetter- und Naturereignisse ohne ausreichende Schutzmaßnahmen verheerende Folgen haben. Der Umfang dieser Schutzmaßnahmen und die generelle Struktur der Agrarwirtschaft wird von Entscheidungsträgern bestimmt. Diese haben ein großes Interesse daran, diesen Bereich als Allererstes nach ihren Vorstellungen umzugestalten, damit dieser als Vorbild für die Gestaltung der gesamten Wirtschaft und Gesellschaft dienen kann. Die Abkehr von einer industriell in Großbetrieben organisierten Agrarwirtschaft sorgt für ein Wiederaufblühen von kleinen idyllischen Bauernhöfen. Gleichzeitig erreicht der Einsatz von künstlichen Düngemitteln und Pestiziden sowie genmutiertem Saatgut neue Rekordwerte, da die Menschheit ohne den Einsatz der Maschinen nicht auf diese Mittel verzichten kann, ohne eine Hungerkatastrophe zu riskieren. Traditionelle, »gute« Landwirtschaft heißt nun also: Von Menschen von Hand bepflanzt und geerntet und von Hand vergiftet und manipuliert.

Die neue gesellschaftliche Ordnung, in der Wissen einen höheren Stellenwert als Geld sowie das gemeinsame Trauma und Erfahrungen hat, schafft auch ein neues soziales Miteinander. Die technokratischen Einflüsse sorgen für ein solidarisches Miteinander. Da das Wissen nicht mehr unmittelbar abgerufen werden kann, erhält jeder die Chance, mit seinem Wissen und seinen Erfahrungen zum Wohl der Gesellschaft beizutragen, was die Wichtigkeit des Einzelnen erkennen lässt.

Die Zäsur, welche mit dem Ausfall des Supercomputers den Menschen aufgezwungen wurde, hat also die Chance, eine neue, bessere, menschlichere Gesellschaft zu erschaffen. Es besteht aber das Risiko, dass das Wissen missbraucht wird, um die Gesellschaft zu kontrollieren, zu beherrschen oder sogar ins Verderben zu stürzen. Dieses Risikos sollte sich die Menschheit bewusst sein, der Wissenskonzentration entgegenwirken und stattdessen die Potenziale jedes Einzelnen entwickeln.

Georgina Koberg

»Wenn die Vergangenheit verloren ist, wollen wir an einer Zukunft arbeiten«

Die beschriebene Gesellschaft hat zweifellos genug interessante Unterthemen, um eine ganze Bibliothek zu füllen. Nur habe ich leider nicht die Zeit, zu jedem einzelnen etwas zu schreiben. Dementsprechend werde ich mich im Folgenden auf Ausschnitte konzentrieren, die nicht den Anspruch erheben, ein vollständiges Bild dieser Dystopie zu zeichnen.

Ich bin Geschichtenschreiberin, keine Expertin für sachlich korrekt erachtete Zukunftsszenarien und trockene Darstellungen aus der Vogelperspektive. Entsprechend betraf mein erster Gedanke nach dem Lesen der Aufgabenstellung nicht die großen Fragen.

Mein erster Gedanke führt mich zu einem kleinen Mädchen. Ich sehe sie vor mir, sie kann nicht älter als sechs oder sieben sein, vielleicht ist sie aber auch erst fünf. Sie versteht nicht alles, was in der Welt um sie herum passiert. Aber sie weiß, dass Sachen verschwunden sind. Geschichten. Alles, woran sie denken kann, ist, dass ihr niemals in ihrem Leben wieder jemand *Peter Pan* vorlesen wird. Sie ist verzweifelt und versucht ihr Bestes, die Geschichte neu zu schreiben. Niemand versteht, warum ihr dieses Buch so wichtig ist und die Erwachsenen haben Besseres zu tun, als ihr dabei zu helfen, es neu zu schreiben. Sie hat den Namen von einem von Wendys Brüdern vergessen. Sie weiß nicht, wie man »Captain« richtig schreibt. Waren es Kissen oder Blätter, die Peter benutzt hat, um dafür zu sorgen, dass alle in ihre Baumrutschen passen? Sie kann sich nicht erinnern und weint um Worte, die niemand mehr kennt und die niemanden bis auf sie zu interessieren scheinen. Warum nur ist sie nicht älter, kann nicht besser schreiben? Warum nur hat sie nicht besser aufgepasst, als sie noch die Gelegenheit dazu hatte?

Ich weiß nicht, was die Geschichte dieses Mädchens bedeutet. Hätte ich mehr Zeit, würde ich sie schreiben, um es herauszufinden. Aber so weiß ich nur, dass sie und ihr Lieblingsbuch das Erste sind, wohin die Aufgabenstellung meine Gedanken bewegt hat und dass ich ihre Geschichte teilen will, um diese Welt zu veranschaulichen, in der wir die Löcher sehen, die das Verlorene hinterlassen hat. Wenn ich weiter nachdenke, sehe ich mehr Menschen. Auch Erwachsene werden versuchen, zuerst das festzuhalten, was sie lieben.

Eine Mathematikerin will alle Formeln aufschreiben, alle Beweise, alles, was sie jemals über Zahlen und Logik gelernt hat. Nennen wir sie Bea. Anders als das Mädchen kennt sie viele, die ähnlich denken. Sie hat Hilfe und gemeinsam finden sie ihren Lebenssinn darin, all ihre Formeln und Rechenwege zu erhalten. Sie können dieses Wissen verkaufen, um sich ihren Lebensunterhalt zu finanzieren. Bea wird glücklich und sie sagt sich, dass sie alles getan hat, was sie konnte. Ihr Beitrag ist geleistet.

Was ist mit einem Autor? Schreibt er sein eigenes Buch neu? Nein, denn er weiß, dass er es niemals wieder so schreiben wird wie beim ersten Mal. Er versucht, das Buch eines anderen neu zu schreiben. Denn gleich wie stolz er auf sein eigenes Werk ist, er weiß, dass es in der Welt Größere gab als ihn. Sie sind tot und darum liegt es nun an den Lebenden, ihre Bücher zu erhalten. Er sammelt gemeinsam mit anderen Autor*innen alles, was ihm zu den bedeutendsten Werken der Literaturgeschichte noch einfällt. Zu *Romeo und Julia*. Und zu *Faust*. Ich hoffe, dass er daran denkt, *Frankenstein* neu zu schreiben.

Markus. Ein Kunsthistoriker. Er beschreibt sein liebstes Bild bis ins kleinste Detail. Dafür braucht er zweieinhalb Jahre. Als er fertig ist, sucht er die Welt ab nach einem Menschen, der fähig ist, es zu malen. *Sternennacht*. Ich glaube, er wird *Sternennacht* zu rekonstruieren versuchen. Aber immer wird irgendetwas fehlen. Er kann nicht sagen, was. Er weiß nur, dass es fehlt und dass van Goghs Werk für immer verloren ist. Er weigert sich, das zu akzeptieren und sucht weiter. Ab und zu träumt er nachts und sieht das Bild vor sich, so, wie es einmal war. Er fragt sich, ob er der Einzige ist, der es noch sieht. Seine kleine Enkelin fragt ihn eines Tages, warum er das alles tut, warum er durch die Welt reist und Künstlerin nach Künstler aufsucht und sie immer und immer wieder dasselbe Bild malen lässt. Er weiß es nicht zu sagen.

Eine Pfarrerin schreibt Tag und Nacht an der Bibel. Sie kann sich an nahezu alles erinnern. Doch sie weiß, dass die meisten Gläubigen das nicht können. Also baut sie hier und da ein paar kleine Änderungen ein. Vielleicht ist das Gottes Wille, sagt sie sich. Bestimmt will er, dass sein Wort neu geschrieben wird, dass es besser geschrieben wird. Sie glaubt fest daran, dass es zum Wohle aller ist. Wie viel weniger Leid wird es auf der Welt geben, wenn die Bibel nicht mehr sagt, dass ein Mann nicht bei einem Mann liegen soll wie bei einer Frau? In jedem Fall schadet es niemandem. Natürlich sind ihre Bemühungen aussichtslos, denn sie ist nicht die Einzige, die die Bibel neu schreibt. Jede Version ist ein bisschen anders und nach zehn Jahren des Sammelns wird auf einer Konferenz abgestimmt und drei verschiedene Versionen – allesamt von mächtigen Männern geschrieben – werden kurzerhand zur Wahrheit erklärt. Wer dem widerspricht, der stellt sich gegen Gott. So funktioniert die Kirche. Wirklich optimistisch bin ich diesbezüglich nicht.

Eine junge Ärztin namens Mia. Viel, viel Wissen hat sich in ihrem Kopf eingebrannt. Aber reicht es aus? Ein schwerkranker Patient mit einer seltenen, aber heilbaren Krankheit kommt in ihre Praxis. Sie weiß es nicht mehr. Sie kann sich nicht erinnern, welche Tabletten er braucht. Also schickt sie ihn weg. Wenige Wochen später ist er tot. Mia ist sich sicher, dass sie ihn unter anderen Umständen hätte retten können.

Der kleine Hannes kennt ein Gedicht. Sie haben es im Deutschunterricht gelernt, nur wenige Monate vor der Katastrophe. Aus unerklärlichen Gründen ist er auf der ganzen Welt der Einzige, der sich an den exakten Wortlaut erinnert. Ein Kunstliebhaber bietet ihm zehntausend Euro dafür, dass er es ihm rezitiert. Hannes überlegt. Dann stimmt er zu, jedoch unter einer Bedingung. Ein einziges Wort wird er ändern, sagt er. Um ein wenig von dem Gedicht nur für sich zu behalten. Der Kunstliebhaber stimmt zu, denn er sagt sich, dass ein einziges Wort nichts ausmacht. Er wird dennoch den Rest seines Lebens damit verbringen, nach dem einen Wort zu suchen, das Hannes ausgetauscht hat. Was er nicht weiß: Hannes kann sich nicht erinnern. Ein einziges Wort hat er vergessen, weiß nur noch, dass es ein Verb war, das mit *ver-* begann. Ist nun das ganze Gedicht nichts mehr wert?

Ein Pilot weiß noch, wie man ein Flugzeug fliegt. Aber niemand will mehr mit ihm fliegen. Denn die Menschen vertrauen nicht mehr darauf, dass Flugzeuge sicher sind. Nicht, nachdem alles Wissen über sie nur noch im Kopf der Pilot*innen vorhanden ist. Als er drei Jahre nach der Katastrophe einen Testflug unternimmt, stürzt seine Maschine ab. Sie war nicht richtig gewartet worden, da mit allem anderen Wissen auch das entsprechende Handbuch verloren gegangen ist.

Werfen wir einen Blick auf Fiona. Sie kann sich an nichts wirklich erinnern. Sie war mal Kassiererin im Supermarkt, hat auf Katzen und Babys aufgepasst und als Sekretärin hat sie auch schon mal gearbeitet. Aber nichts von alledem ist es wert, sich daran zu erinnern, findet sie. Alle um sie herum sind beschäftigt damit, irgendetwas zu rekonstruieren, retten irgendeine Art von Wissen, das niemals verloren gehen darf und das sie wieder aufschreiben müssen. Doch Fiona hat nie viel gelesen, sie kennt ein paar Serien, einige Filme und Comics, aber nichts, das wertvoll wäre. Sie fand die meisten selbst eher so mittelmäßig. Also lebt Fiona ihr Leben vor sich hin und bedauert, dass es nichts gibt, wobei sie helfen könnte. Sie fühlt sich sinnlos. Sinnloser als das verlorene Wissen.

Zwei Geschwister schreiben ein neues Buch. Die Geschichte ist keine, die es vorher gegeben hat, sie ist keine Rekonstruktion wie alles andere, was geschrieben wird. Sie wollen erschaffen statt bloß erhalten. Wenn die Vergangenheit verloren ist, sagen sie sich, wollen wir an einer Zukunft arbeiten. Statt in der Zeit davor festzustecken, können wir auch im Hier und Jetzt leben. Ich weiß nicht, ob irgendjemand ihr Buch lesen wird. Wahrscheinlich sind alle zu beschäftigt damit, ihren Teil zur Rekonstruktion des alten Wissens beizutragen, um ihren Kopf mit neuen Geschichten zu verstopfen. Aber vielleicht ist die Gesellschaft in 15, 20 Jahren so weit, wie die beiden es schon lange waren und erkennt, dass man in die Zukunft sehen muss. Dass man neue Dinge schaffen kann, statt den alten nachzutrauern. Und dann werden Leute ihr Buch lesen und sie als Vorboten einer neuen Zeit betrachten.

Das hier sind bloß Ausschnitte. Bloß Menschen, deren Geschichten erzählt werden könnten. Ich erhebe keinen Anspruch auf eine ausgewogene Darstellung. Im Gegenteil. Natürlich ist meine Sicht verzerrt, denn ich habe Einzelschicksale betrachtet und keine gesamtgesellschaftliche Analyse geschrieben. Ich hoffe, dass diese Geschichten bewegen, dass sie gut gewählte Beispiele waren, um die Gesellschaft im gegebenen Szenario zu beschreiben. Wenn sie zum Nachdenken anregen, habe ich meine Sache gut gemacht und meinen Teil zu diesem Buch beigetragen, finde ich.

Hanna Köllisch

»Es fängt immer harmlos und unterschwellig an, bis es zu spät ist und es kein Zurück mehr gibt«

Nach dem Ausfall des Megarechners, der die Grundlage und Datenbank für jegliches menschliche Leben darstellte – zumindest nach damaligem Glauben – änderte sich die Dynamik der Gesellschaft drastisch. Auf eine Weise, die zuvor niemand für möglich gehalten hatte. Der technologische Fortschritt und die ausschließlich digitalisierte Welt könnten doch bei einem Zusammensturz kaum starke Folgen für die Gesellschaftsstrukturen haben, schließlich hatten die Menschen das gespeicherte Wissen in ihren Köpfen, oder? Kurz nach dem Zusammensturz des Megarechners hatte man vermutet, oder wohl eher gehofft, dass das Wissen bei einem potenziellen Neustart des Rechners noch gespeichert sein würde. Jedoch wurde schnell klar, dass es keine Aussicht auf ein Wiedererlangen dieses Wissens gab.

Die ersten zwei Jahre nach dem Ausfall des Megarechners lebte die Welt im Chaos. Dabei war es noch gar nicht möglich, an eine Wiederstrukturierung der Welt zu denken. Die Menschen waren wie in einer Schockstarre gefangen und wussten überhaupt nicht, was sie mit ihrem Leben anfangen sollten. Viele Jugendliche litten unter dem plötzlichen und unvorbereiteten Internet- und besonders dem Social-Media-Entzug. Viele Generationen hatten ihre

Gehirne so sehr auf diese Medien trainiert, dass ein plötzlicher Wegfall ihre Emotionen und Charakterzüge veränderte. Ihre Konzentrationsfähigkeit war durch die Nutzung gestört und führte nun zu viel Frustration und Ungeduld im Alltag, was ein generelles Gefühl von Unglücklichsein und Pessimismus noch verstärkte. Man könnte fast von einem traumatischen Erlebnis sprechen, das bei manchen Menschen eine lange psychische Belastung zur Folge hatte.

Auf der anderen Seite gab es einen massiven Absturz im Bildungssystem. Obwohl man hoffte, dass Lehrer in der Lage sein würden, Wissen aus ihren Köpfen zu vermitteln, stellte sich heraus, dass dies ganz und gar nicht funktionierte. Die Zukunft der Menschheit in Form von Schülern und Studierenden konnte keine ausreichende Bildung erfahren. Damals bestand noch der Glaube, dass sich durch ein Wiederaufschreiben des in den Köpfen der Menschen gespeicherten Wissens die Bildungslücke schnell schließen ließe. Bereits im Jahr 2127 wurden Institutionen gegründet, die es sich zur Aufgabe gemacht hatten, Menschen aus aller Welt zu befragen und deren Wissen analog niederzuschreiben – man hatte aus seinen Fehlern gelernt.

Es fing also ganz harmlos an, was überraschen mag, wenn man bedenkt, dass heutzutage im Jahr 2145 die Welt kaum wiederzuerkennen ist. Sie liegt in Trümmern, jegliche gesellschaftliche Strukturen scheinen verloren, die Menschen verhalten sich wild. Und all das, nur weil alles Wissen verloren gegangen ist? Liegt es vielleicht auch einfach in der menschlichen Natur, dass Egoismus immer zur Zerstörung treiben wird?

Es begann ungefähr fünf Jahre nach dem Ausfall. Die Menschen hatten zunehmend das Gefühl, mehr Freiheiten zu haben. Denn alles Wissen, das sie potenziell in ihrer Freiheit eingeschränkt hätte, gab es nicht mehr. Ohne niedergeschriebene Beweise war ein juristisches Vorgehen unmöglich.

Diese Freiheiten weckten schon bald revolutionäre Gedanken, wodurch es auch auf politischer Ebene zu Veränderungen kam. Immer radikalere Parteien, die zuvor keine große Bedeutung hatten, fühlten sich in ihrer Ideologie bestärkt. Die vorherige, gemäßigte Regierung hatte aus Sicht der Radikalen versagt. Neben der Regierung wiesen die Radikalen auch vielen anderen Gruppen Schuld zu. Ihre Ideologie schien einen neueren, besseren Weg vorzugeben. Sie sahen die Chance, in einer so schwierigen Lage Anhänger durch Proklamation einfacher, wenn auch unrealistischer Lösungen für sich zu gewinnen. Sie erkannten, dass Menschen in schwierigen Situationen jemanden brauchen, dem sie die Schuld zuschreiben können. Das machte diese Parteien sehr gefährlich, da ihre Ideologien und Schuldzuweisungen nicht auf Fakten beruhten, die Menschen ihnen aber trotzdem folgten. Rechtsradikale Parteien konnten nun Ereignisse der Geschichte, die ihrer Parteiideologie schaden würden, leugnen. Schließlich gab es keine niedergeschriebenen und abrufbaren Belege. Es wurden zwar neue Institutionen gegründet, die versuchten, das Wissen zu speichern, aber die politischen Parteien behaupteten, dass diese Informationen ja nur subjektive Erfahrungen wären und deshalb keine Beweise darstellen. Es wurde jegliches Wissen aus dem Dritten Reich und der Zeit der Nationalsozialisten geleugnet. Es gab keine Spuren mehr davon, zu was solche Politik 200 Jahre zuvor geführt hatte. Das wollten die rechten Parteien nutzen, um sicherzustellen, dass ihre politischen Ansätze, die denen der Nationalsozialisten ähnelten, nicht auf Gegenwind stoßen. Trotzdem, wie konnten diese Parteien so viele Anhänger bekommen? Viele Menschen wussten ja von der Geschichte. Wieso um alles in der Welt würden sie also plötzlich rechtsradikale Parteien unterstützen? Es gab mehrere Faktoren, die dazu beitrugen. Einerseits gab es durch das zu Beginn herrschende Chaos und den Wegfall der Medien viel Frustration in der Bevölkerung. Frustration und Unzufriedenheit haben schon immer gewisse Extreme verstärkt. Dadurch, dass einige Teile der Bevölkerung sehr unzufrieden mit der Regierung waren, schließlich hatte sie die ersten Jahre des Chaos nur mangelhaft gemanagt, gingen die Stimmen immer mehr in extreme Richtungen. Diese Abneigung der Regierung gegenüber wurde selbstverständlich von radikaler Seite bestärkt. Diese Menschen machten aber erst mal nur einen relativ kleinen Teil der Gesamtbevölkerung aus. Jedoch hatte die junge Generation massive Wissenslücken, die sie beeinflussbarer und anfälliger für radikale Ideologien machte. Sie erfuhren in ihren Bildungsinstituten nichts mehr oder nur noch wenig über die Vergangenheit und über Extremisten. Dadurch waren sie weniger abgeschreckt von rechtsextremen Ideologien, wodurch diese Parteien immer mehr Anklang bei den jüngeren Generationen fanden.

Wenn das Bildungssystem am Abgrund steht, bedeutet dies auch, dass es weniger Nachfolger in jeglichen Berufen gibt, da diese ohne gespeichertes Wissen nur schlecht ausgebildet werden können. Besonders gelitten hat dabei das Gesundheitssystem, da es an Ärzten und Pflegern immer mehr mangelte. Für die in Rente gehenden Ärzte gab es proportional nicht genug Nachfolger. Dadurch wurde die medizinische Versorgung für alle Menschen viel schwieriger. Der Personalmangel konnte schlichtweg nicht den Andrang auf die medizinische Versorgung decken. Es starben immer mehr Menschen an den Folgen von Krankheiten, da es keine Kapazitäten gab, sie zu behandeln. Besonders betroffen waren ältere Menschen. Oft mussten Ärzte und Pfleger außerdem zwischen Menschenleben abwägen, was die Frustration in der Gesellschaft nur noch verstärkte. Nun war es auch eine emotionale Angelegenheit: Jeder hatte Bekannte, die betroffen waren.

So bizarr es zuerst vielleicht klingen mag, trug auch die höhere Sterberate zum Erstarken der rechten Parteien bei. Es starben mehr ältere als jüngere Menschen, einfach weil sie wahrscheinlicher krank wurden. Dabei waren die älteren Menschen diejenigen, die noch am ehesten geschichtliches Wissen hatten und von einer Wahl für extremistische Parteien absahen. Die rechten Parteien reagierten geschickt auf die Probleme im Gesundheitssystem. Sie boten gezielt Lösungen an, die die Menschen immer mehr von der Partei überzeugten. Weniger überraschend stellten sich diese Lösungen als Lügen heraus. Wie wir heute wissen, haben extremistische und rechte Parteien für mehr Zerstörung als alles andere gesorgt.

In Deutschland kam schließlich eine rechtsextremistische Partei im Jahr 2131 an die Macht. In den umliegenden Ländern gab es eine ähnliche Entwicklung. Dadurch, dass nun menschenverachtende und diktatorisch veranlagte Parteien an der Macht waren, kam es zu Konflikten zwischen und innerhalb von Ländern. Als die Deutschen 2140 realisierten, dass die Regierung nichts für das Volk tat, kam es zum Bürgerkrieg zwischen neu gegründeten Revolutionären und den Parteianhängern. Die Regierung setzte daraufhin militärische Waffen ein, um die Revolutionäre niederzuschlagen. Des Weiteren strebten viele Länder nach territorialer Expansion und nach Macht auf der ganzen Welt. So kam es auch zwischen den Nationen der Welt zu kriegerischen Auseinandersetzungen. Nach und nach lag die Welt immer mehr in Trümmern, bis heute. 2143 haben zwar die Kriege aufgehört, da es praktisch nichts mehr zu zerstören gab, aber die Menschen leiden noch immer unter Krankheiten und psychischen Problemen, die sie vom Krieg davongetragen haben.

Zeit also für einen Neuanfang. Wir könnten versuchen, alles Wissen wieder aufzuschreiben, Städte wieder aufzubauen und eine gerechte Gesellschaft zu errichten. Doch was bringt das alles, wenn in 100 Jahren das Gleiche wieder passieren könnte? Ist es Zufall, dass 200 Jahre zuvor eine ähnlich große Katastrophe passiert ist oder wird sich die Geschichte immer wiederholen? Natürlich war der Auslöser der Katastrophe vor 200 Jahren ein anderer. Aber auch damals schon hat sich gezeigt, wie beeinflussbar Menschen in schwierigen Situationen sind. Wie einfach es eigentlich ist, durch die Frustration der Menschen begründet, Hass und Menschenverachtung voranzutreiben. Vor einigen Jahren hätte man noch gedacht, dass die Menschen damals vielleicht nicht intelligent genug waren, die Folgen ihrer Handlungen zu begreifen. Gleichzeitig dachte man aber auch, es sei unmöglich, dass die Menschen heutzutage bei einer ähnlichen Situation erneut so naiv und unbedacht handeln würden. Es ist erschreckend, dass durch den Verlust von Wissen so viel passieren kann. Es fängt immer harmlos und unterschwellig an, bis es zu spät ist und es kein Zurück mehr gibt.

Der Mensch ist immer in Kriege und Zerstörung verwickelt. Komisch, ist er nicht das intelligenteste Wesen? Obwohl der Mensch in einem sozialen Gefüge lebt, fängt er immer wieder an, sich selbst auszuschließen. Solange alles friedlich ist, ist der Mensch ganz harmlos. Aber sobald etwas nicht nach Plan läuft, sobald etwas die Gesellschaft zerrüttet wie der Ausfall des Megarechners, kommt das wahre, egoistische und zerstörerische Wesen des Menschen zum Vorschein.

Isak Mantov

»De-Evolution«

Es ist das Jahr 2145, 20 Jahre, nachdem der Megarechner ausgefallen war. Die Menschheit hat sich drastisch verändert.

Europa hat sich anderen Herrschaftsformen zugewandt. Mehr als 30 Diktaturen sind auf dem Kontinent entstanden. Der Unterschied im Wissen der Menschen hat hierfür gesorgt. Es sind nämlich nicht mehr die Adeligen und Reichen, sondern die Gelehrten und Wissenschaftler an der Macht. Diese haben es bereits ein Jahr nach dem Ausfall des Megarechners geschafft, die Menschheit zu überreden, sie die Vollmacht und Regierung der Staaten übernehmen zu lassen – gewählt mit einer einstimmigen Mehrheit. Die Argumentation dahinter war, dass die Menschen mit mehr Wissen auch ein größeres Verständnis für die Welt und die Weltgeschichte haben, wodurch sie bessere Entscheidungen als diejenigen treffen, die weniger wissen.

In der Medizin gab es viele Mängel, denn viele Ärzte hatten ihr Studium und ihre Arbeit nur mithilfe der KI absolviert. Da nun der Megarechner ausgefallen war, konnten die Ärzte ihre Arbeit nicht mehr absolvieren. Die Todesrate ging deshalb hoch und mit einer Mutation des schon 100 Jahre alten Corona-Virus war kein Ende in Sicht.

Es war schon ein Viertel der menschlichen Population gestorben, vor allem in Ländern mit sehr dichter Bevölkerung wie China oder Indien.

Der Anstieg der Propaganda war in vielen Ländern auffällig. Diese wurde von den Staatsoberhäuptern aus Geldgründen gemacht. Das meiste Geld wurde in Bitcoin oder andere E-Währungen verwandelt, sodass es nach dem Absturz des Megarechners eine massive Bargeldnot gab. Die Staatsoberhäupter wollten diese nutzen, um die Bevölkerung unter Kontrolle zu halten aus Angst, dass es Aufstände gegen ihre Herrschaft geben könnte. Denn wenn die Bevölkerung arm ist, ist es schwieriger, Widerstand zu leisten.

In den ersten Jahren nach dem Ausfall des Megarechners stieg die Kriminalitätsrate drastisch an. Man konnte nämlich nicht mehr die Aufnahmen von Überwachungskameras speichern. Als Antwort auf dieses Problem mussten die Diktaturen viel mehr Polizei und Überwachungsdienste in der Öffentlichkeit stationieren. Diese waren aber sehr korrupt und halfen Kriminellen in vielen Fällen, Überfälle zu unternehmen, ohne gefangen zu werden. Es wurde generell immer unsicherer rauszugehen, da man Angst hatte, grundlos verhaftet zu werden. Dies geschah häufig, da die Staatsoberhäupter anderen Menschen verbieten wollten, ihre Meinung, wenn sie der des Staates widersprach, frei und offen zu sagen.

Die Depressions- und Suizidraten stiegen aufgrund von Jobverlusten. Allgemein durchlief die Menschheit und die Zivilisation eine Art »De-Evolution«.

Ende

Zinnia Mayer

»Eine neue Epoche des Wissens hat begonnen«

Das Jahr 2125, in dem alles zusammengebrochen ist. Ich weiß nur noch das, was ich weiß. Nachschauen kann ich mittlerweile auf meinem Endgerät nichts mehr. Wir Menschen versuchen, alles Wissen aus unseren Köpfen zusammenzutragen.

Das alles in den ersten fünf Jahren nach dem Zusammenbruch.

Ich persönlich denke, dass der Megarechner das eigentliche Ende unseres Wissens war. Man dachte seitdem nicht mehr selbst und muss es nun wieder lernen.

Es herrscht dementsprechend totales Chaos. Die Schulen müssen den Kindern wieder beibringen, selbst zu denken und Bücher in die Hand zu nehmen; Kinder und Jugendliche, die nicht mal wissen, was ein Buch ist, müssen dies lernen.

Wir, die nun erwachsen sind, haben die Entwicklung miterlebt: vom Buch über das Handy bis zum Megarechner. Ein technischer Höhepunkt. Aber jetzt hat er uns zurückgeworfen.

Dinge, an die sich niemand erinnern kann und Dinge, die man nur flüchtig gelesen hat sind nun für immer weg.

Deshalb erleben die Menschen ganz andere Perspektiven. Die Menschheit muss zusammenarbeiten, jeder Einzelne muss sein Wissen teilen und es muss schriftlich festgehalten werden. Aber wie kann man sich sicher sein, dass dieses Wissen richtig ist? Man muss Experimente durchführen, man muss sich das Wissen durch erneutes Forschen wieder aneignen. So wie man es über mehrere Jahrtausende getan hat.

Aber eine gute Sache ist, dass das Menschliche wieder zurückkehrt. Menschen sprechen miteinander, um sich Dinge beizubringen und ihr Wissen zu vermitteln. Klar, Schulen gab es vorher auch, aber alles Wissen wurde nur digital weitergegeben. Ich denke, dass den Menschen klar wird, dass es besser ist, alles Wissen in Büchern festzuhalten und nicht nur auf einem riesigen Rechner.

Was man bedauert, sind all die Dinge, die man nie gelernt hat und die nun weg sind. Auf einmal interessiert man sich für sie. Man möchte sich Wissen aneignen. Vorher war das egal. Denn man konnte alles durch einfaches Tippen erfahren. Aber jetzt, wo diese Möglichkeit nicht mehr da ist, will man alles wissen. Das Wissen der Aufklärung, in der die Menschen lernten, ihre Vernunft zu nutzen, war mit dem digitalen Zeitalter fast wie ausgelöscht. Klar, man lernte Dinge in der Schule, aber es fühlte sich fast so an, als wüsste man schon alles. Und nun ist das anders. Das digitale Zeitalter ist mit dem Zusammenbruch geendet und eine neue Epoche des Wissens hat begonnen. Die Menschheit muss Humanität und Zusammenarbeit neu lernen. Es ist nun etwas Besonderes, Wissen richtig weiterzugeben und aufzuschreiben. Dies tut man allerdings nicht mehr digital. Die Politik hat so entschieden, um eine erneute Katastrophe zu vermeiden. Man will sichergehen, dass alles Wissen sicher aufbewahrt wird.

Nach fünf Jahren ist noch immer nicht alles Wissen zusammengetragen. Aber das Schlimmste sind für mich als Kunstliebhaber die fehlenden Gemälde. Dieses Wissen ist für immer weg. Damit meine ich nicht das Wissen über bestimmte Epochen, sondern das Wissen, wie ein Gemälde aussah. Natürlich versuchten Menschen, Gemälde in physischer Form wiederherzustellen. Aber das geht nicht. Denn niemand weiß, ob dieser Farbfleck genau an dieser Stelle war.

Es bilden sich direkt nach dem Absturz Gruppen. Eine Gruppe, die klar sagt, dass sie von Anfang an gegen die komplette Digitalisierung war und eine Gruppe, die sie sich erneut wünscht. Die Menschheit spaltet sich. Eine Gruppierung, nenne man sie »A«, möchte alles Wissen in Physisches umwandeln. So fängt Gruppe A also an, Gemälde nachzumalen, was mehrere Jahre dauerte, denn man muss viele Menschen der Welt befragen, ob sie sich noch an etwas erinnern. Eine Zusammenarbeit, die das Menschliche stärkt. Gruppe B dagegen versucht, alles digital nachzuahmen, Gemälde digital zu malen. Dafür muss man aber erst mal das Internet wieder erfinden. Dies dauert mehrere Jahre. Im Gegensatz dazu ist Gruppe A sehr erfolgreich. Sie hat all ihr Wissen in Büchern zusammengetragen. Das Problem mit den Gemälden ist aber leider nicht gelöst. Dieses Wissen ist weg, da sind sich die Menschen einig. Es gab nur eine Person, die dieses Gemälde genauso malen konnte, wie es war. Es gibt auch zuerst Proteste, dass dieses Vorgehen nicht nachhaltig ist und man die Umwelt erneut gefährdet. Aber diesmal ist es anders: Man achtet mehr darauf, dass nichts Unnötiges produziert wird. Nicht planwirtschaftlich gemeint, sondern so, dass die Menschheit darauf achtet, dass Rohstoffe nicht unnötig verbraucht werden, sondern nur, um Wissen zu teilen und es festzuhalten. Die Menschen haben somit die Rücksichtnahme auf die Natur gelernt.

Viele finden, dass dieser Zusammenbruch ebenfalls ein Neuanfang ist. Die Menschheit hat vielleicht das Problem des fehlenden Wissens nicht gelöst, aber sich etwas Menschliches zurückgeholt: das Zusammenarbeiten und Kommunizieren von Angesicht zu Angesicht.

Elvin Mehović

»Beginn eines neuen Zeitzyklus«

Das Jahr 2125 veränderte das Leben schlagartig für die Menschen auf unserem Planeten Erde. Nachdem nach all den Jahren die Technologie fortgeschritten war und digitale Endgeräte kaum wegzudenken waren, kam es zu einer Katastrophe, die es so zuvor noch nicht gegeben hatte. Von nun an sollten die Menschen auf eine harte Probe gestellt werden.

2125 kam es zur »Erfindung des Jahrhunderts«. Sie sollte die Technologie auf ein ganz neues Level bringen. Computer, Laptops und vieles mehr wurde im Laufe der Zeit abgeschafft, ihre Produktion verboten und gegen digitale Endgeräte ersetzt, die jeder Mensch mit sich trug. So gab es also nur ein Gerät, auf dem alles Wissen der Welt und vieler weiterer Dimensionen gespeichert wurde, denn das Wissen auf dem Megarechner reichte über die menschliche Welt hinaus. Es gab also ein einziges Gerät, das den Menschen ermöglichte, jederzeit auf alles zuzugreifen und in Bruchteilen von Sekunden abzurufen.

Während die Technologie immer mehr Fortschritte machte, entwickelte sich die Politik jedoch zurück. Im Laufe der Jahre kam es vermehrt zu Konflikten zwischen den Großmächten. Sie verfielen in alte Muster, die zuvor schon zu schweren Zeiten geführt hatten. Es wurde vor allem die Erfindung des einzigartigen Megarechners kritisiert, durch den die USA an enormer Macht gewonnen hatte. Sie hatte diesen Rechner entwickelt und dementsprechend alles

Wissen der Menschheit in ihrer Hand. Durch den Absturz des Megarechners ging das ganze Wissen aus der Vergangenheit der Menschen verloren. Wie genau es zum Absturz kam, blieb unklar. Der Hass gegenüber dem Westen wurde größer, da man ihm vorwarf, das Wissen versteckt zu halten. Dies sorgte für große Unruhen auf dem Planeten, da die Menschen sich nun, wo sich die Welt schon im Chaos befand, nicht einmal mit den Engsten und Liebsten verständigen konnten. Aber das war das kleinste Problem. Fast kam es zu Kriegen, doch dann schlossen die Großmächte Frieden, um gemeinsam das verlorene Wissen zurückzugewinnen. Diese neue Epoche bezeichnete man als »Beginn eines neuen Zeitzyklus«.

Man versuchte vor allem durch alle gebildeten Leute, die sich im Laufe der Jahre immer wieder mit der Vergangenheit auseinandergesetzt hatten, das Wissen zu rekonstruieren, aber es war klar, dass es nie wieder so sein wird wie zuvor. Deshalb war das Ziel, eine neue Ära aufzubauen, in der die Technologie eine Rolle wie noch nie zuvor spielen sollte.

Nachdem 20 Jahre vergangen waren, wurde das verbliebene Wissen auf einen neuen Hauptrechner geladen, der so ähnlich wie der zuvor aufgebaut und auch auf das Internet angewiesen war. Er wurde von denselben Personen erbaut, doch diesmal spielte nicht nur die USA eine große Rolle, sondern auch die weiteren Großmächte Frankreich, Deutschland, England und Russland, denn man wolle nicht wieder nur einem Land die Macht überlassen. Daher war es vor allem wichtig, dass sich alle Länder zusammentaten und wieder alte Geräte herstellten, die ohne den Rechner notwendig waren wie zum Beispiel Drucker. Dazu nutzte man das Wissen, das man noch hatte. Man wollte diesmal das Wissen in Büchern bewahren, um eine Katastrophe wie in 2125 zu verhindern.

Daher war es wieder, wieder Drucker zu haben, aber vor allem auch Papier. Dies wurde durch die Erinnerungen von Personen, die es früher herstellten, wieder produziert. Es war zwar viel Wissen verloren gegangen, aber die wichtigsten Informationen der Menschen blieben erhalten. Die Grundlagen für ein scheinbar normales Leben konnten aufrechterhalten werden und die Menschen kannten wenigstens einen Teil der Vorgeschichte. Man hatte zwar Wissen verloren, das Tausende Jahre alt ist, aber von nun an fokussierte man sich auf eine neue Zeit, in der man ausschließlich nach vorne blickte, durch die Technologie und Forschung Wissen zurückgewann und Neues entdeckte. Denn von nun an wolle man ein ganz neues Level der Technologie erreichen.

Es gab zuerst noch Menschen, die sehr enttäuscht und wütend waren, jedoch hatte sich die Mehrheit der Menschen mit der Situation abgefunden. Von nun an war jeder Mensch ein wichtiger Teil der Gesellschaft. Es war ein Neuanfang für alle, eine Zeit, in der man nicht mehr über die Vergangenheit belogen werden konnte. Man lebte nur im Jetzt, in der neuen Zeit, in der man die Wahrheit kennt und diese weitervermittelt. Zudem war es eine Chance für alle, sich eine neue Position zu erarbeiten und dabei zu helfen, Zusammenhalt in der ganzen Welt aufzubauen, um so nicht nur das Wissen, sondern auch den Frieden zu erhalten und zu bewahren. In der Vergangenheit wurde das Gleichgewicht oft von Großmächten gestört. Doch nun begann ein neuer Zeitzyklus, in dem die Bürger die Hauptrolle spielten und entscheiden konnten, was sie an ihre Nachfolger weitergeben wollen.

Briseld Omeri

»Ein Schockmoment für alle«

Es ist das Jahr 2124, wir befinden uns in Deutschland, dort, wo etwas ganz Besonderes erschaffen wurde: Der Megarechner.

Er wurde die Erfindung des Jahrhunderts. Jeder hatte sich darüber Gedanken gemacht und diskutiert, ob es eine gute Idee ist, so ein großes Projekt auf die Beine zu stellen. Es gab viele Kritiker, aber auch viele Dafürsprecher. Der Megarechner war das meistgesuchte Thema im Internet. Jeder wusste von ihm, aber nicht, wer sein Erfinder war. Es wird gesagt, dass er anscheinend aus Deutschland stammen soll, aber ob diese Information so vertrauenswürdig ist, sei mal dahingestellt.

Durch dieses große Projekt sollte alles verändert werden: die Politik, das Fernsehen, die Städte, das Internet und somit auch die ganze Welt. Durch die Weltwirtschaftskrise, die nach dem größten Börsencrash folgte, spitzten sich die Kriminalität, die Armut und die Kriege zu. Der Drogenhandel war so verbreitet wie noch nie und die Armut ebenfalls, was zur Steigerung der Kriminalität führte. Kinderarbeit war nichts Besonderes mehr und als wäre das nicht genug, gab es auch fast täglich Anschläge, Bürgerkriege und Raubüberfälle. Deswegen musste es eine Veränderung geben.

Diese Veränderung wurde auch schon vorbereitet. Menschen in Führungspositionen aus der ganzen Welt versammelten sich. Länder wie Deutschland, die USA, Großbritannien, China, Indien, Russland, Frankreich, Albanien und mehr trafen sich am

01.01.2125. Dieser Tag sollte ein sehr besonderer für die ganze Welt sein. Der Tag, an dem alles verändert wurde, ob negativ oder positiv, sei mal dahingestellt. Aber was festzuhalten ist, etwas Großes kam auf uns zu. Dieser Tag war für die meisten Menschen ein ganz normaler Tag, denn es wurde alles im Geheimen besprochen. Für die Menschen in Führungspositionen war es jedoch höchstwahrscheinlich der wichtigste Tag ihres Lebens. Es gab viele Vorschläge und Abstimmungen auf diesem geheimen Treffen. Eine Lösung war in greifbarer Nähe. Es sollte nur noch abgestimmt werden und die Beschlüsse sollten spätestens am nächsten Tag in Kraft treten. Das taten sie auch.

Drei Monate später war es dann endlich soweit. Das große Projekt, von dem niemand wusste und für das auch niemand abstimmen konnte, wurde umgesetzt. Alle Bücher, Gemälde, Tonträger wurden in natürliche Bestandteile zerlegt. Es gab auch keine Computer, Laptops, Rechenanlagen und Festnetztelefone mehr, denn sie sollten durch ein digitales Endgerät ersetzt werden. Es war nicht so schwer wie erwartet, alle digitalen Geräte zu ersetzen, denn durch einen Vibrationsstrahl, der ungefährlich für die Menschen war, wurden alle Geräte, die nicht zufällig mit Titan überdeckt waren, außer Gefecht gesetzt. Es war ein Schockmoment für alle, denn innerhalb einer Stunde konnte keiner mehr auf seine Geräte zugreifen, nichts war mehr funktionstüchtig. Das Volk wollte eine Erklärung, denn keiner wusste, was gerade passiert war. Viele Leute versammelten sich daraufhin und protestierten.

Erst eine Woche später meldete sich die Regierung zu den Ereignissen. Alles wurde durch ein fünfminütiges Video erklärt. Ihr fragt euch bestimmt, wo dieses Video übertragen wurde. Jeder Bürger bekam ein digitales Endgerät nach Hause geschickt. Spätestens durch eine Mitteilung der Polizei wurde den Leuten klar, dass die Proteste umsonst waren. In der Zwischenzeit wurden alle wichtigen Daten von den alten Geräten auf die neuen geladen.

Nicht jeder bekam zwar alles mit, was in der Zwischenzeit passierte, jedoch wurde ihnen die Entscheidung genommen und jeder musste die Veränderung akzeptieren.

Besser gesagt, fast jeder, denn eine geheime Organisation, von der man nicht mal den Namen weiß, hackte sich in das System und fand heraus, dass dieses Ereignis schon mehrere Monate vorher geplant war. Die Organisation versammelte sich daraufhin, um herauszufinden, wie man dem entkommen könnte und dann einen Anschlag auf den Megarechner zu planen. Sie fanden heraus, dass der Vibrationsstrahl nicht durch Titan dringen konnte. Dies bewahrheitete sich, als die Regierung dieses Material einzusammeln begann, um Widerstand zu vermeiden. Jedoch schaffte es die Organisation, sich etwas Titan zu sichern und es daraufhin zu nutzen, um ihre Rechner zu schützen, was ihnen auch gelang.

Die Organisation schuf einen Virus, der den Megarechner zerstören sollte. Der Virus sollte auch die Verbindung zwischen dem Megarechner und den Endgeräten zerstören. Was die Organisation nicht wusste, war, dass wenn sie das tun, die ganzen Informationen, die im Rechner gespeichert sind, für immer gelöscht werden. Sie infizierten den Megarechner und zerstörten somit alle Informationen, die die Menschheit hatte.

Das hatte katastrophale Folgen.

Jetzt war alles gelöscht und keiner wusste, wie das geschehen konnte. Es gab zuerst eine Versammlung der Führungskräfte, eine sogenannte Krisensitzung. Die Täter zu finden, war jedoch nicht leicht, denn sie hatten ja alles zerstört, was dabei geholfen hätte. Man versuchte es trotzdem, die Suche war jedoch ohne Erfolg. Man wusste nicht, was man machen sollte. Seit dem Ereignis sind 20 Jahre vergangen.

Diese letzten 20 Jahre waren die schlimmsten Jahre, die die Menschheit seit Langem durchstehen musste. Die Menschen waren am Verhungern, es gab kein richtiges Kommunikationssystem,

Ex- und Importe fanden nicht mehr statt und jeder musste damit klarkommen, was in der Umgebung vorhanden war. Es gab immer mehr Kriege. Das, was alles in die positive Richtung lenken sollte, das, was nun die Lösung wüsste, war für immer weg.

Otto Santamaria Schaaf

»Es herrscht wieder das Recht des Stärkeren«

Der in diesem Jahr stattgefundene Ausfall des Megarechners konnte bisher nicht rückgängig gemacht werden. IT-Experten weltweit versuchten verzweifelt, die verlorenen Datenmengen zurückzugewinnen, um die Menschheit zu retten, scheiterten jedoch kläglich. Sie sagen, es wäre so, als würde man versuchen, einen verbrannten Baum in seine ursprüngliche Form zurückzubringen. Die einzige Möglichkeit ist, den Baum zu fällen und einen neuen einzupflanzen. Die Vereinten Nationen sind jedoch nicht bereit dazu, diesen notwendigen Schritt zu gehen und leugnen weiterhin, dass jegliches Wissen für immer verloren ist. Verständlicherweise, denn dieser Megarechner hat in den letzten 100 Jahren für politische Stabilität, wirtschaftlichen Aufschwung und Frieden auf dem gesamten Planeten gesorgt. Dass dieser ungeheuerliche Fortschritt einfach verschwunden sein soll, möchte niemand wahrhaben. Es ist, als hätte man die Menschheit von einem Tag auf den anderen ins frühe Mittelalter versetzt.

In den letzten Tagen haben sich die ersten gravierenden Auswirkungen auf die Politik, die Wirtschaft und die Gesellschaft in ihrer vollen Härte gezeigt. Die in den letzten 100 Jahren ausschließlich international bestimmte Politik ist in sich zusammengebrochen. Die Begriffe Innen- und Außenpolitik, die in Vergessenheit geraten waren, beginnen nun wieder an Bedeutung zu gewinnen.

Auch die kaum noch zu unterscheidenden Nationen haben plötzlich alle Grenzen geschlossen und ihr Militär mobilisiert, da die Gefahr besteht, dass andere Staaten die unsichere Lage zu ihrem eigenen Vorteil nutzen. Alle früheren Verbündeten sind deshalb nun potenzielle Feinde geworden. Man weiß schließlich nicht, was die anderen Länder nun planen.

Der bisher nur noch im Geschichtsunterricht thematisierte Konflikt zwischen den USA und Russland entflammt in neuer Stärke und spaltet die Menschheit. In vielen Ländern geben Politiker die Schuld für den Ausfall den anderen Staaten, um Glaubwürdigkeit gegenüber dem Volk zu bewahren.

Zudem herrscht eine schreckliche Armut in allen Ländern der Welt, denn Bauern wissen nicht, wie sie ihre Felder bewirtschaften sollen ohne Hilfe ihrer vom Rechner gesteuerten Agrarmaschinerie. Der medizinische Sektor geht auch zugrunde, wodurch Krankenhäuser nicht viel mehr als Erste Hilfe anbieten können. Röntgengeräte, Beatmungsgeräte, Narkosegeräte funktionieren nicht mehr ohne die Daten des Rechners.

Der Welthandel über Luft, Land und See wurde gestoppt, da es durch die fehlende Kommunikation nicht möglich ist, so weiterzumachen wie früher. Selbst pensionierte Leute sind in einem digitalen Zeitalter aufgewachsen und haben das nötige Wissen nicht parat.

In manchen Staaten haben mittlerweile Ressourcenkriege ganze Städte verwüstet und Clans beanspruchen Territorien für sich. Das Militär agiert blind und kann sich nicht vollständig koordinieren, um sein Land zu schützen. Außerdem ist eine pietistische Welle durch die Kontinente gezogen, wodurch Kirchenvereine am Überlaufen sind.

Vergleichbar ist die Gesellschaft mit der im Wilden Westen, wo Gesetz und Ordnung nicht mehr als vage Richtlinien sind, die Mobilität je nach Zugang auf Pferde und für die meisten auf

Laufen beschränkt ist, Menschen an Fieber sterben können und es keinerlei Sozialhilfen durch den Staat gibt, da er keine Daten hat, um zu erkennen, wer überhaupt Hilfe braucht. Es herrscht also wieder das Recht des Stärkeren, weshalb Mord, Diebstahl und Unterdrückung auf der Tagesordnung stehen.

Eine weitere negative Entwicklung ist, dass sich die Menschen weitestgehend isolieren und versuchen, auf eigene Faust zu überleben. Alles, was gefährlich oder risikoreich erscheint, wird vermieden, wie etwa dem Nachbarn zu helfen oder Leute in Not aufzunehmen.

Für die Zukunft scheint es wenig Hoffnung zu geben. Die neuen Generationen werden keinerlei Bildung erhalten und generell in ihrer Zahl zurückgehen, da weniger Kinder geboren werden. Der Dienstleistungssektor wird auf das Nötigste schrumpfen, die Industrie erst mal verschwinden.

Das größte Problem ist jedoch trotz der niedrigen Geburtenrate die Bevölkerungszahl auf der Welt. Es ist nämlich unmöglich,

so viele Menschen durchzufüttern, ohne jegliche technische Hilfe. Somit ist vorherzusehen, dass die nächsten Jahre eine Zeit der Tyrannei und des Todes sein werden. Erst danach kann die Menschheit wieder neu anfangen. Die Gesellschaft, wie sie jetzt ist, kann unmöglich weiterbestehen, denn sie hat ihr Fundament, ihre Basis verloren. Weitreichende Veränderungen sind nicht aufzuhalten. Die UN, die EU, die Bundesrepublik, Bundesländer, sogar der Landkreis sind Konstrukte der Vergangenheit, die nicht fortbestehen können, sie müssen sich entsprechend verändern. Es ist wie ein Reboot der Menschheit.

Vielleicht eine zweite Chance für uns, um es besser zu machen. Damit man den Kindern in der Schule beim Geschichtsunterricht nicht nur von Kriegen erzählen muss. Ob das realistisch ist? Nein, eher nicht. Doch uns bleibt keine andere Wahl, als zu hoffen.

Niklas Schäfer

»Die Menschen haben das reale Leben wieder zu schätzen gelernt«

Der Ausfall des Megarechners löste ein weltweites Chaos aus. Alles, was von ihm abhängig war, funktionierte nicht mehr. Das war ein großes Problem, denn im Jahr 2125 gab es nichts und niemanden, der nicht auf das Internet angewiesen war.

Die Menschen konnten nicht mehr zu ihren digitalen Ärzten gehen, sie konnten sich bis auf wenige Ausnahmen nur noch zu Fuß fortbewegen – bis auf diejenigen, die noch ein altes Fahrrad aus den 2050er-Jahren hatten. Die Immobilität und das Fehlen von Kommunikationsmitteln führten dazu, dass die Menschen ihre Nachbarn wieder kennenlernten – zuvor, in der digitalen Welt, hatte man seinen Freundeskreis nur online.

Die Wirtschaft war aufgrund der fehlenden Kommunikationsmöglichkeiten zum Erliegen gekommen. Komplizierte Lieferketten und auch die Steuerung vieler industrieller Prozesse, die zuvor vom Megarechner koordiniert wurden, funktionierten nicht mehr.

Das durch den Ausfall des Megarechners entstandene Chaos war nach wenigen Wochen beendet. Nachdem die Menschen die Supermärkte geplündert hatten, wurde ihnen schnell bewusst, dass sie die zusammengebrochene Wirtschaft wieder aufbauen mussten, um zu überleben. Ohne den Megarechner gab es keine funktionierenden Fabriken mehr. Die Menschen befanden sich nach dem Ausfall wieder im Mittelalter, was die Technologie anging.

Sie hatten 2125 aber einen entscheidenden Vorteil: Sie konnten sich moderne Ressourcen aus den stillstehenden Fabriken holen. Zusätzlich hatten sie noch ihre Erinnerungen.

Nach vier Jahren entstanden die ersten Industriestandorte auf der Erde. Sie entstanden in den Regionen, die vor dem Ausfall am wenigsten weit entwickelt waren. Das lag daran, dass auch wenn ein Großteil der Industrie vor dem Ausfall des Megarechners digital war, es dort noch Menschen gab, die sich an die Zeit der Abhängigkeit an den Megarechner erinnern konnten, weil die Digitalisierung dort noch nicht so lange zurücklag. Nach weiteren vier Jahren war die Menschheit auf einem technologischen Stand angekommen, der mit dem 19. Jahrhundert vergleichbar ist.

Zu dieser Zeit ist die Fortbewegung auch über weite Strecken wieder möglich. Genauso wie die Kommunikation, wenn auch nicht so kostengünstig wie früher.

Aber auch 20 Jahre, nachdem der Megarechner ausgefallen ist, gibt es keinen Nachfolger für das Internet. Warum? Durch den Ausfall des Megarechners haben die Menschen das reale Leben wieder zu schätzen gelernt. Sie haben gemerkt, dass man sich nicht nur auf digitale Sachen verlassen sollte. Dadurch, dass alle Menschen nach dem Ausfall auf einem ähnlichen Stand waren, entstand eine Welt, die gerechter war als vorher. Es gab weniger soziale Ungerechtigkeit und auch der Wohlstand war gleichmäßig auf allen Kontinenten verteilt. Die Menschen hatten 2145 wieder alles, was sie brauchten. Sie konnten ihren Hobbys nachgehen, in den Urlaub fahren und vieles mehr. Die Welt war quasi wie zuvor, nur ohne den Megarechner. Die Informationen wurden analog gespeichert, kommuniziert wurde wieder mit Telefonen und das Sozialleben der Menschen fand wieder in der Realität statt. Auch wenn es vereinzelte Versuche gab, das Internet wiederherzustellen, gelang es den Menschen nicht. Es bestand zu wenig Interesse.

Mika Sawyer Scheffler

»Wie soll Politik funktionieren, wenn man die Vergangenheit nicht mehr belegen kann?«

2126 beginnt das Chaos. Denn wie soll man Menschen verurteilen, ohne dies mit einem Gesetz oder einem vergangenen Fall zu vergleichen? Wie sollen Universitäten und Schulen Wissen vermitteln, wenn alles Wissen digital gespeichert war? Wie soll Politik funktionieren, wenn man die Vergangenheit nicht mehr belegen kann? Vergangene Ereignisse ohne Zeitzeugen werden von den Profitierenden angezweifelt und geleugnet. In dieser Phase herrschen Chaos und Unsicherheit. Es kommt zu Auseinandersetzungen und Kriegen, denn Wissen ist eines der mächtigsten Güter.

Die Menschen gehen unterschiedlich mit der Veränderung um. Die einen passen sich ihr an. Die anderen vergessen ihre Vergangenheit. Erste Lehrer unterrichten ihre Schüler durch praktischen und kommunikativen Unterricht. Andere Lehrer beschäftigen sich damit, sich über die schwierigen Umstände zu beschweren und erscheinen nicht.

Es gibt Schüler, die ihrem Instagram- und TikTok-Profil so sehr hinterhertrauern, dass sie in Traurigkeit versinken. Sie beschäftigen sich damit, wann sie sich endlich wieder ihren sozialen Medien widmen können. Andere Schüler erkennen die Chance, die sich ihnen öffnet. Sie akzeptieren den Verlust alles Wissens und fangen an zu fragen statt zu googlen, mit anderen Menschen zu sprechen statt Videos zu schauen und mit Menschen zu lachen statt über Posts.

Während ein Teil der Menschen weiter darüber lästert, warum die Politik nicht direkt eine passende Lösung gefunden hat und wie schlimm ihr Leben ohne das Wissen aller ist, beginnt ein geringer Teil der Menschen mit der Veränderung zu wachsen.

Nach dem anfänglichen Chaos beginnt nach zwei Jahren, sich alles der Veränderung anzupassen. Es wird mehr auf alte Unterrichtsformen gesetzt und mit allen Mitteln daran gearbeitet, zur alten Weltordnung zurückzukehren. Langsam akzeptieren die Menschen den Verlust des Wissens und passen sich der Veränderung an. Doch die wenigen Menschen, die wirklich von den Vorteilen profitieren, sind diejenigen, die die Veränderung von Anfang an angenommen haben, denn sie waren allen anderen voraus. Es entwickelt sich ein neues Zeitalter, in dem Kommunikation von Mensch zu Mensch im Vordergrund steht. Schließlich, nach zehn Jahren, wurde eine Möglichkeit entwickelt, mit KI das verlorene Wissen und einen Großteil der Informationen und Bilder auf Basis der Erinnerungen der Menschen, die sich noch an die Zeit vor dem Absturz erinnern konnten, wiederherzustellen. Durch hohe Investitionen in das Projekt neue KI und durch die Zusammenarbeit aller bekannter Informatiker konnte in rund 10 Jahren eine neue KI programmiert werden, die mit dem aktuell verfügbaren Wissen gefüttert wurde.

Nachdem 20 Jahre lang alles wieder normal war und die KI ihre Arbeit aufgenommen hatte, waren die meisten Menschen bereit, das alte System und die alte Art des Lebens mit der Abhängigkeit von den digitalen Entwicklungen wieder anzunehmen und in genau die gleichen Muster wie vor dem Absturz zurückzufallen.

Für die meisten Menschen bleibt der Zeitpunkt, an dem alles Wissen verloren ging, als ein tragisches Ereignis in Erinnerung.

Doch für wenige bleibt er etwas Wichtiges und Positives, das die Menschen aufweckte und ihnen zeigte, dass die digitale Welt eine Hilfe ist, wir aber nicht alles auf sie verlagern sollten. Sie haben verstanden, dass man an Veränderungen wachsen kann, wenn man sie annimmt.

Jeder sollte sich die Frage stellen, wie er mit dieser Veränderung umgegangen wäre. Es geht nämlich gar nicht darum, wie die Digitalisierung unsere Welt verändert, sondern wie wir mit den Möglichkeiten der Digitalisierung umgehen.

Jona Schmidt

»Wir sollten versuchen, das Jetzt und die Zukunft so zu gestalten, wie wir sie uns bestmöglich vorstellen können«

Eine Zukunft, in der alle Daten zentral gespeichert und immer abrufbereit sind, scheint wie ein Traum. Ein Traum, der viele Probleme lösen könnte, jedoch selbst ein Problem hat. Ein zentraler Ort mit allen analogen und digitalen Informationen ist angreifbar. Dies hat, einmal zerstört, verheerende Folgen.

Der Ausfall des Rechners veränderte die Welt und machte sie zu einem anderen Ort, jedoch führte er nicht dazu, dass die Menschheit unterging.

Kurz nach dem Ausfall brach Chaos aus und die Menschen gerieten in Panik, denn niemand wusste genau, was eigentlich passiert war. Die größte Sorge war plötzlich die eigene Versorgung und obwohl die Lebensmittelproduktion durch die gelagerten Vorräte eigentlich noch nicht zusammengebrochen war, wurden die Supermärkte schnell leergeräumt. Zuerst war der Kaufrausch noch friedlich, doch bald entstanden schon die ersten gewaltvollen Auseinandersetzungen. So war es nicht nur bei Lebensmitteln, sondern bei all unseren Konsumprodukten. Denn wir Menschen sind Gewohnheitstiere und bekommen Angst, sobald wir unser gewohntes Leben in Gefahr sehen.

Die Hamsterkäufe brachten schnell Erinnerungen an eine andere Zeit zurück. Wieder waren es zuerst Klopapier und Nudeln, die aus den Regalen verschwanden. Der Notstand sollte sich tatsächlich bald auf die Lebensmittelverfügbarkeit auswirken. Der plötzliche Verlust von Rezepten, Betriebsanweisungen und Lieferketten führte schnell zu einer Verknappung, doch mit geordneter Kooperation hätte man die noch verfügbaren Lebensmittel sparsamer und gerechter verteilen können. Katastrophen sind nichts Neues in der Menschheitsgeschichte. Corona, die Pest oder die Weltkriege, alle haben zwei Dinge gemeinsam: den Tod von unglaublich vielen Menschen und eine weltweite Krisensituation. Doch trotzdem war der Ausfall meiner Meinung nach die größte Katastrophe der Menschheitsgeschichte.

Ein vergleichbarer Verlust an Daten war wohl der Brand der Bibliothek von Alexandria, doch der entscheidende Unterschied damals war, dass kaum jemand etwas davon auf der ganzen Welt mitbekommen hatte. Erstens durch die fehlende Globalisierung und zweitens dadurch, dass zwar sehr viele interessante Informationen verbrannten, doch keinesfalls alle. Anders war es in 2125, als wir uns voll und ganz auf unsere Recheneinheit verlassen hatten und der Ausfall uns in eine unerwartete Notlage gebracht hat.

Erstaunlicherweise haben es die Menschen diesmal geschafft zusammenzuarbeiten und sowohl die größten als auch die kleinsten Staaten kooperierten, um nach einer Lösung zu suchen. Nach vielen, scheinbar endlosen Krisengesprächen wurde klar, dass man zusammenarbeiten muss, um das viele Wissen zu retten. Diese Zusammenarbeit war zwar nicht ohne Schwierigkeiten, denn wie soll man so schnell Hunderte verschiedene Sprachen übersetzen, wenn es schon lange nicht mehr üblich war, Dolmetscher anzustellen, weil alles automatisch übersetzt wurde? Auch hatten verschiedene Staaten verschiedene Lösungsansätze und wie man noch aus der Geschichte – wenn nicht etwas, dann das – weiß, sind Menschen nicht die Besten darin, über die ganze Welt hinweg zu kooperieren und Konflikte waren nicht zu verhindern.

Doch jetzt sind es zwei Jahrzehnte später, wir schreiben das Jahr 2145, und irgendwie leben wir ja doch noch alle. Trotz all der Probleme und vielen Jahre, in denen vieles nicht klar und einfach war, haben wir es langsam geschafft, dass wieder Ruhe einkehrt. Man findet zurück zu einem Leben, das man schon fast vergessen hat.

Ein wichtiger Schritt war das Niederschreiben aller Informationen und Daten, die wir noch irgendwie in unseren Gedächtnissen hatten. Die von den Not-Regierungen eingerichteten Informations-Sammelstellen sind zwar immer noch damit beschäftigt, den endlosen Fluss an Erinnerungen auszuwerten und zu speichern, das Wichtigste ist aber schon gerettet. Auch wenn wir gewiss viele geschichtliche Daten verloren haben. Der Expertenrat, der aus den Tausenden schlauesten Köpfen der Welt besteht, ist immer noch aktiv. Diese wissensrettenden Maßnahmen sind besonders heute noch Priorität, aber in den ersten Jahren waren die Aufrechterhaltung der Lebensmittellieferketten sowie aller anderen lebensnotwendigen Produkte unsere größte Sorge. Zum Glück waren so praktische Berufe wie Landwirte, Handwerker oder Ärzte nicht so betroffen wie andere. Der Landwirt braucht keine Lehrbücher, um seine Kühe zu versorgen oder sein Feld zu bewirtschaften. Alle aktuellen Generationen hatten kein Problem, ihre Arbeiten aufrechtzuerhalten und die Schwierigkeit der Neuausbildung wurde auch gelöst. Deshalb erschuf die Politik spezielle Positionen für Menschen, die bestimmte Themen ihr Fachgebiet nennen dürfen. Entscheidungen in der Politik wurden also zielgerichteter und praktikabler. Somit hatte die Datenkatastrophe, wie sie oft genannt wird, auch positive Aspekte.

Durch den Ausfall von sozialen Medien ist die Kommunikation zwar erschwert worden, aber es hat auch dazu geführt, dass

Apps wie Instagram und TikTok nicht mehr existieren und die Menschen frei sind. Kein Mensch hängt jetzt zu Hause und scrollt nur auf dem Handy. Menschen sind soziale Wesen; aber nicht im digitalen, sondern im realen Leben. Wir haben angefangen, wieder mehr Mensch zu sein, echte soziale Kontakte zu knüpfen und raus in die Welt, die Natur zu gehen. Die Zerstörung sozialer Medien hat uns gezeigt, wie extrem unnötig unsere Informationsmüllproduktion ist und dazu geführt, dass wir jetzt nur noch Essenzielles kommunizieren. Wobei es trotzdem noch subjektiv ist, was essenziell ist. Die Kommunikation ist zielgerichteter geworden, aber der Drang nach kreativem Ausleben ist nicht verschwunden. Der Unterschied liegt darin, dass Kunst jetzt individueller und vielfältiger geworden ist und nicht nur für einen tollen Post auf Instagram, sondern für die eigenen Interessen gemacht wird. Das Kommunizieren über Telefon oder Brief ist mühselig, aber erfrischend interessant, denn die wichtigen Informationen sind gebündelt und nicht mehr wie eine Nadel im Heuhaufen verteilt. Dadurch hat das gesprochene Wort auch im sozialen Rahmen an Bedeutung gewonnen. Kein Missinterpretieren von Textnachrichten oder Emojis mehr, sondern echte mündliche Kommunikation.

Durch Briefe, neue Archive und viel mehr hat sich natürlich auch die Wirtschaft stark verändert. Papier war zu Beginn teuer und ist jetzt in massiver Produktion zu einem der wichtigsten Produkte geworden. Verloren hat am meisten eine Branche und das ist der Techniksektor, der früher nicht wegzudenken war. Die Wirtschaft hat sich umgekehrt. Wo früher die Technikbranche die größte Industrie war, sind es heute lebenswichtige Produktionszweige und die Forschung.

Mit der Wirtschaft veränderte sich auch die Politik, welche sich nicht, wie man denken könnte, auf nationale, sogar regionale Ebenen zurückzog, sondern noch globaler wurde. Trotz der Kommunikationseinschränkungen zeigte diese Notlage, dass wir alle zusammenarbeiten müssen, um zu überleben und voneinander lernen zu können und sollten. Denn oft ist es wichtig, andere Perspektiven anzunehmen und seine eigene Meinung anzupassen.

Der Blick in die Zukunft ist schwierig und es gibt unendliche Möglichkeiten. Meine Vorstellung der Dinge ist sehr positiv, aber wenn man die Geschichte der Menschheit wirklich betrachtet, wäre eine Zukunft, in welcher die Konflikte und Probleme überwiegen, wahrscheinlicher. Unterdrückung, Schuldzuweisung und auch Kriege sind wahrscheinlicher als eine gute Zusammenarbeit aller Nationen. Dieser Pessimismus ist, wenn man die aktuelle politische Entwicklung und unsere Vergangenheit betrachtet, leider realistischer. Trotzdem sollte man nicht aufgeben und wir als Menschheit immer versuchen, möglichst miteinander zu arbeiten. Denn nur so können wir eine Zukunft schaffen, an der wir alle teilhaben. Wir sollten aus der Geschichte lernen und versuchen, das Jetzt und die Zukunft so zu gestalten, wie wir sie uns bestmöglich vorstellen können.

Ein solches Gedankenexperiment kann dabei helfen.

Katharina Schütz

»Es ist möglich, alles zu schaffen, wenn die Menschen weiterhin unermüdlich zusammenarbeiten«

Vor 20 Jahren, im Jahre 2125, ereignete sich eine Katastrophe für die Welt. Der Zentralcomputer fiel aus. Damals geschah ein gewaltiger Ausfall aller Geräte, die mit dem großen Zentralrechner zusammenhingen. Dies bedeutete schwerwiegende Folgen für die Länder und die Menschen.

Das gesamte Wissen der Menschheit war in diesem einen Computer gespeichert. Nach dem Zwischenfall wurde schnell erkannt, dass das gesammelte Wissen auf einen Schlag verloren war. Denn Forscher fanden heraus, als sie den Computer neu starteten, dass alles bisher Gespeicherte gelöscht war.

In einem kleinen Moment war alles, was wir über unsere Vorfahren, unsere Welt wussten, weg.

Eines der schwersten Probleme, das dadurch entstand, betraf die Politik. Mit dem Zentralcomputer fielen der Reihe nach auch alle anderen elektronischen Geräte aus, weil sie an diesen gekoppelt waren. Es gab keine Möglichkeit mehr, Menschen in entfernten Gegenden oder auf anderen Kontinenten zu erreichen. Die Politiker, Machthaber und Parlamente konnten keinen erreichen, der sich nicht in der Nähe befand und nicht die Möglichkeit hatte, zu einem Versammlungsort zu kommen.

In den Kleinstädten und auf dem Land zeigte sich, dass es sehr schnell ein Umdenken der Gesellschaft gab. Nun dachte nicht jeder Mensch zuerst an sich. Die Menschen lernten, dass sie zusammen überleben konnten, aber nicht alleine. Sie versammelten sich und tauschten sich aus. Diejenigen, die wussten, wie man Heilkräuter gebrauchte, wurden zu den neuen Medizinern und sorgten dafür, dass niemand in der Gemeinschaft nach dem Zusammenbruch der Kommunikationsketten und dem daraus resultierenden Lieferstopp der meisten Lebensmittel von vergifteten Pilzen oder Früchten aß. Andere wiederum begannen, die Infrastruktur zu erhalten. Sie achteten darauf, dass es weiterhin Straßen gab oder dass Organisationen wie die Feuerwehr oder der Rettungsdienst weiterhin Bestand hatten.

In den Großstädten zeigte sich, besonders an den Universitäten und Schulen, dass es eine neue Möglichkeit für die Sicherung von Wissen geben musste. Die besten Professoren der Welt wurden für mehrere Monate zusammengerufen und arbeiteten an einer Lösung für dieses Problem. Sie begannen, den Computer auseinanderzuschrauben und nach der Möglichkeit einer Reparatur zu suchen. Bald wurden sie fündig und begannen ihn zu reparieren. Zerstörte Teile wurden durch neue ersetzt. Danach begann das große Sammeln.

Viele Gesandte wurden in alle Regionen der Erde geschickt. Sie alle hatten verschiedene alte Geräte dabei, welche zuvor für diese Aufgabe von Wissenschaftlern hergerichtet wurden. Gleichzeitig arbeiteten die Professoren an dem Computer und den Geräten, welche die alten Geräte ersetzen sollten. Gaben die Gesandten das Wissen in das Gerät ein, wurde es an den Zentralcomputer geschickt und zuerst digital gespeichert. Die Aufgabe der Gesandten war es, das Wissen der Menschen zu sammeln, damit es nicht ganz verloren geht, indem es vergessen wird. Diese Katastrophe sollte nicht noch schlimmer werden. Aus diesem Grund wurden mehrere 100 Menschen ausgewählt, um dieses Wissen schließlich sobald wie möglich in gedruckter Form zu sammeln. Jede kleinste Information wurde in einer Art Lexikon angeordnet und nach Thema sowie dem Wert für den technischen Fortschritt sortiert.

Auf den sieben Kontinenten der Erde wurde, nachdem es um 2093 zur dauerhaften Besiedlung der Antarktis gekommen war, jeweils ein zentraler Ort auserkoren. Dort bauten die Menschen gemeinschaftlich an großen, dem Wetter angepassten Gebäuden. Dort sollten diese analogen, gedruckten Materialien gelagert werden, um einem erneuten Ausfall vorzubeugen. So entstanden in der Antarktis der *Palast der Wörter*, in Europa der *Berg des Wissens*, in Nordamerika das *Gebäude zur Versammlung des menschlichen Wissens* … Jeder Kontinent bekam seinen eigenen analogen Zugang zum Wissen.

Gleichzeitig arbeiteten viele Menschen an den mobilen Endgeräten, die jeder bei sich trug. Sie wurden umprogrammiert und zu ihrem ursprünglichen Zweck zurückgeführt. Bis dahin hatte es auf den Kontinenten Verständigung lediglich über Boten und Gesandte gegeben. Nun waren die alten Kommunikationswege wiederhergestellt. Doch man musste sich nun anderen Problemen widmen.

In den zehn Jahren, in denen das Wissen gesammelt worden war, machte kein einziger Schüler einen Abschluss und kein einziger Student schloss sein Studium ab. Das bis dahin bestehende Schulsystem war gemeinsam mit dem Zentralcomputer zusammengebrochen. Jegliche Mitschriften aus dem Unterricht waren verloren gegangen. Die Schüler hatten in der Krise die Familie unterstützen müssen. So wurde dieses Problem erst spät angegangen.

Die wirtschaftliche Situation ließ dies erst zehn Jahre nach der Katastrophe zu. Es fehlte an der nötigen Infrastruktur – wie zum Beispiel Busse und Bahnen, um es den Schülern zu ermöglichen, in die Schule zu kommen. Der Hauptfokus nach der Katastrophe lag vorerst darauf, das Nötigste zuerst wiederherzustellen. So wurde zuerst die Lebensmittelbranche wiederaufgebaut und nach und nach folgten weitere Großprojekte wie die Industrie. Es war ein Gremium aus Professoren gebildet worden, welche sich trafen, um nun über die Zukunft der Bildung zu sprechen. Sie einigten sich nach vielen Tagen der Diskussion auf eine Neugestaltung des gesamten Systems. Nun sollte die Bildung für die gesamte Welt gleich organisiert sein.

Es wurde beschlossen, dass Kinder nun nicht mehr eine umfassende Bildung in vielen Bereichen erhalten sollten. Sie sollten lernen, die Umwelt unter wissenschaftlichen Aspekten zu betrachten und zu erforschen. Der Entdeckergeist der Kinder wurde besonders geschult. Wollten die Kinder Fremdsprachen erlernen, so wurde dies ebenfalls ermöglicht. Sie lernten in Sprachkursen erst das Sprechen und Verstehen, danach kamen Dinge wie die Rechtschreibung. Dadurch sollte erzielt werden, dass es ein anderes Verständnis der Dinge gibt. Etwas sollte verbessert werden. Nachdem die Kinder zu Jugendlichen herangewachsen waren, hatten sie jede Möglichkeit, viele Berufe kennenzulernen. Erst wenn sie etwas Schönes für sich gefunden hatten, wurden sie auf ihr Berufsleben mit dem notwendigen Wissen vorbereitet.

Die Wirtschaft lag nach dem Zusammenbruch des Computers in Trümmern. Sie war nicht mehr intakt. Es konnten keine Waren über die See verschifft oder anderweitig transportiert werden. Dazu fiel für nahezu alle Menschen die Möglichkeit des Gelderwerbs aus, denn die meisten Menschen hatten an oder mit digitalen Geräten gearbeitet. Es wurde eine neue Struktur benötigt, die diesem Problem trotzte.

Die Landwirtschaft wurde wieder vermehrt durch körperliche Arbeit betrieben. Die selbstfahrenden Maschinen, welche durch KI angeleitet wurden, mussten überholt werden. Auf dem Dorf wurden die Lebensmittel produziert und in die Stadt gebracht, wenn diese dafür Dinge wie Straßenbau, den Bau oder die Sanierung von Gebäuden erledigten. Daraus entstand ein Tauschsystem.

Währungen wurden abgeschafft und jeder Mensch, der seinen Teil zum Fortbestand der Menschheit leistete, hatte die Möglichkeit, entlohnt zu werden, indem er Lebensmittel und notwendige Dinge bekam. Das Problem, dass dieses System ausgenutzt werden könnte, wurde ebenfalls gelöst. Diese Menschen wurden von den Regierungen unterstützt und bekamen Hilfe, indem Einrichtungen geschaffen wurden, die ihnen halfen, ihren Lebensunterhalt zu sichern. Sei dies durch eine umfassende Beratung oder die Vergabe von Aufgaben wie die Weiterarbeit an der Sicherung des Wissens.

Nach und nach stabilisierten sich die Verhältnisse in der Welt und der Luxus, der vor der Katastrophe geherrscht hatte, wurde langsam wiedererlangt. Jedoch gab es in der Politik noch wenige feste Strukturen. Viele Orte auf dem Land organisierten sich selbst und die Städte bahnten sich ihren eigenen Weg. Die weltweiten Gremien, die einheitliche Beschlüsse für eine Stabilisierung der Gesellschaft entschieden hatten, wurden nach und nach unwichtiger, je mehr der Alltag an Normalität zurückgewann. Die Organisation der einzelnen Verbände wurde von einer Zusammenkunft der Einwohner bestimmt. Es zeigte sich nach einiger Zeit jedoch, dass diese lockeren Strukturen ausgenutzt werden konnten und durch Korruption ihren eigentlichen Erfolg verfehlten. Anders als das Tauschsystem fanden viele Menschen Gefallen an der Idee, die Strukturen für den persönlichen Machtgewinn auszunutzen.

Die Regionen der Erde beschlossen erneut in einem weltweiten Gremium, dass eine dauerhafte neue politische Struktur geschaffen werden müsse. So wurde gesagt, dass Regionen, die sich als zusammengehörig bezeichneten, ein neues Land werden sollten. Es wurden Volksabstimmungen durchgeführt, die die Aufgabe hatten, Regierungen zu bilden. Anschließend wurde eine Verfassung für jedes Land ausgearbeitet. Viele Ansätze ähnelten sich, denn die Menschenrechte der UN, welche vor zwei Jahrhunderten entwickelt worden waren, wurden der Erinnerung nach rekonstruiert, verfeinert und in jeder Verfassung festgehalten. Dazu kamen Normen für die Verwaltung und Gesetze für die Strafverfolgung. Die neu geschaffenen Länder wurden erst vor sieben Jahren offiziell gegründet. Es dauerte weitere volle zwei Jahre Verhandlungen, um zu entscheiden, dass diese Länder nur eine unterorganisatorische Stufe sein sollten. Es sollte verhindert werden, dass territorial oder historisch begründete kriegerische Auseinandersetzungen entstehen können. So wurde ein weiteres Land gegründet. Dieses sollte weitgehend neutral sein. Deshalb wurden durch den Fortschritt der Technik neue Möglichkeiten entwickelt, etwas gänzlich Neues zu schaffen. Mitten im Atlantik wurde eine Möglichkeit geschaffen zu leben.

Auf hohen Stelzen ragte das neue Land aus dem Wasser empor. Dort wurden Verwaltungsbezirke eingerichtet, die für die einzelnen Kontinente und die Verständigung zwischen den Ländern zuständig waren. Danach kam ein oberstes Gremium, welches sich in Notzeiten, Krisen und bei Problemen treffen sollte. Das noch vorhandene Wissen wird nun eingelagert und beschützt. Sollte es in der Zukunft erneut zu einem Ausfall des Zentralcomputers kommen, dann werden die Informationen hier noch vorhanden sein.

Die Forschung wird weiter vorangetrieben, denn die neuesten Ergebnisse der Proben und Versuche der Wissenschaftler wurden wieder gespeichert und können erneut wiederholt werden. Die Wissenschaft an sich arbeitet erst seit einem halben Jahr wieder, wie sie es bisher gewohnt war und versuchte, neues Wissen zu entdecken. Sie hat es sich zur Aufgabe gemacht, die Verhältnisse zuerst zu stabilisieren, bevor sie ihre Arbeit wieder aufnimmt. Nun werden ihre Ergebnisse erneut dem Wohle der Menschheit dienen, und es gibt bereits Entwürfe und Modelle für die Zukunft. Die Menschheit wird nicht in einer absehbaren Zeitspanne aussterben, da es nun wieder Hoffnung für die Welt gibt.

Das Implementieren der aktuellen Struktur ist erst seit einem Jahr abgeschlossen. Es hat am Anfang lange gedauert, bis sie funktioniert hat wie sie sollte. Aber dort, wo wir jetzt stehen, wären wir niemals hingekommen, ohne dass all dies passiert wäre. Es gibt freie Menschen, freie Länder, Frieden auf Erden und eine Wirtschaft ohne Ausbeutung. Die Katastrophe schuf andere Verhältnisse. Diese wurden in den letzten 20 Jahren genutzt, um eine neue Welt entstehen zu lassen.

Und wenn das alles geschaffen werden konnte, dann ist es kein Wunschdenken mehr, dass wir unser eigenes Sonnensystem verlassen und die Weiten des Universums ergründen können. Denn es ist möglich, alles zu schaffen, wenn die Menschen weiterhin unermüdlich zusammenarbeiten.

Michael Stroh

»Religionen wurden wieder vermehrt ausgeübt«

Als im Jahr 2125 der Megarechner ausfiel, brach Panik im Land aus. Die Menschen wussten nicht mehr, wie sie sich ihr alltägliches Wissen beschaffen sollten. Durch den Megarechner hatte sich die Menschheit an eine allwissende »Person« gewöhnt. Jede Frage konnte beantwortet werden und jeder konnte jederzeit auf sie zugreifen. Deshalb entstand eine gewisse Faulheit, sich Wissen selbst anzueignen. Durch den Ausfall des Megarechners veränderte sich daher mit einem Schlag das Leben einer ganzen Welt. Wir verloren alles Wissen, das unsere Vorfahren gesammelt hatten. Es stand der Menschheit ein regelrechtes Fragezeichen ins Gesicht geschrieben. Sie konnte nicht wie üblich den Megarechner fragen, sondern musste diese Situation im Alleingang lösen. Eine ganze Welt und viele Nationen standen vor einer großen Herausforderung. Niemand ahnte, wie schwierig die Aufgabe war, die die Menschen erwartete.

Was denken Sie? Hat die Menschheit es geschafft, sich selbst durch individuelles, analoges Wissen wieder zusammenzuformen? Haben Sie dieses Mal das Wissen wieder auf einem Rechner gespeichert oder wie damals auf festem und sicherem Papier?

Schaute man im Jahr 2145 aus dem Fenster, wurden einem die Folgen des Ausfalls bewusst. Nachdem der Megarechner damals ausgefallen war, gab es keinen Zusammenhalt unter den Menschen, sondern ein individuelles Streben nach Macht. Es brach ein Krieg aus, in dem es keinen Sieger gab, in dem jeder Mensch sein Wissen erweitern und sich so Macht sichern wollte. Nach drei sinnlosen Jahren Krieg und unzählig vielen Toten hatten sich Gruppierungen zusammengefunden und dafür gesorgt, dass jene Personen, die eine Autarkie anstrebten, vom Thron gestoßen wurden. Nach einer starken Schwächung entstand wieder Zusammenhalt und die Demokratie blieb erhalten. Durch den dreijährigen Krieg kam es nochmals zu einem Verlust von viel Wissen und die Menschheit war an einem gewissen Nullpunkt angekommen: Aufgrund des Verlusts von vielen Menschen und dem Streben nach mehr Macht anstatt dem Wiedererlangen des Wissens ging das noch vorhandene Wissen immer mehr verloren und kam die Forschung zum Stillstand.

Nach der Katastrophe hatte sich die Menschheit dazu entschieden, alles Wissen wieder auf Papier, in physischer Form, zu sichern. Diese Entscheidung wurde demokratisch durch eine Abstimmung getroffen und vor allem ältere Menschen stimmten dafür, da manche nicht einmal wussten, wie Menschen vor dem Megarechner ihr Wissen gesammelt hatten. Viele junge Menschen waren gegenüber dieser Entscheidung skeptisch, da sie nur den Megarechner kannten. Sie hatten Angst, dass das Wissen so erst recht wieder verloren gehen könnte. Trotzdem stimmten die meisten dem Vorgehen zu und ein Prozess der systematischen Wissenserfassung begann. Nachdem umständlich erstes Papier hergestellt wurde, schrieb jeder erst einmal seine Erfahrungen, Rezepte und sein Wissen nieder. Diese Bücher wurden in einer Bücherei gespeichert. Es dauerte etwa bis ins Jahr 2135, bis alles Wissen zusammengefasst werden konnte.

Durch Erinnerungen konnte ein neues Internet und neue mobile Endgeräte geschaffen werden, aber die Technologie hatte etwa 100 Jahre Rückstand.

Zehn Jahre nach der Katastrophe war nun ein Ende in Sicht und die Menschheit schaffte es, wieder in Frieden zusammenzuleben. Man strebt nun wieder nach Normalität. Es bildeten sich neue Vereine, Religionen und Kulturen. Sie waren vorher in Vergessenheit geraten, weil viele Menschen nach Macht strebten, anstatt sich auf sich und ihren Geist zu fokussieren. Nach dieser schweren Zeit des Krieges besannen sich viele Menschen zurück auf die alten Zeiten und Religionen wurden wieder vermehrt ausgeübt. Die Menschen konzentrierten sich wieder auf sich selbst und ein friedliches Miteinander. Der Sport wurde neu erfunden und jeder Sport hatte seine eigenen Regeln. Ob es damals dieselben Regeln gab und denselben Sport mit denselben Vereinen? Diese Religionen und Kulturen hatten alle eine Gemeinsamkeit: Zusammenhalt. Trotz des Erlebten arbeiteten die Menschen zusammen und jede Nation wollte sich weiterentwickeln.

Wenn wir heute, aus meiner Perspektive im Jahr 2145, auf die letzten 20 Jahre zurückblicken, sehen wir eine positive Entwicklung der Welt. Durch das Trauma des Dreijährigen Krieges kam es nie wieder zu einem Krieg eines solchen Ausmaßes. Gewalt und Straftaten wurden weniger. Die Wirtschaft jeder Nation erholte sich und jeder pflegt seine sozialen Kontakte und geht einem Beruf nach.

Es scheint, als hätte sich die Welt wieder normalisiert, aber haben wir denselben Standard wie früher erreicht oder doch eher einen Schritt zurück gemacht? Keiner weiß, was genau vor dem Jahr 2125 war.

Nur Erinnerungen mancher beschreiben die alten Zeiten und die Geschichte der Menschheit kann nur durch sekundäre Literatur zusammengepuzzelt werden. Ebenso haben wir im Bereich der Technologie einen großen Schritt zurück gemacht, denn viele Menschen vertrauen ihr nicht mehr und haben Angst, dass es noch mal zu einem solchen Vorfall kommt.

Aber durch diese Katastrophe hat sich ebenso Positives geformt. Vor der Katastrophe lebten viele Menschen in Isolation und Soziales war nur noch auf die digitale Welt begrenzt. Heute lachen und leben die Menschen wieder in der Realität. Eine Verbesserung der Psyche eines jeden ist zu erkennen. Für viele war das etwas Positives. Die Menschheit hat es geschafft, aus Erfahrungen und Erinnerungen eine friedlichere Welt und einen besseren Zusammenhalt zu schaffen als damals, als alles an der Technik hing. Die Katastrophe formte eine neue Weltordnung und Menschen lernten aus ihren Fehlern. Der Ausfall des Megarechners war ein Neustart für die Welt. Heute, im Jahr 2145, sehen wir, dass die Menschheit sich von den schwierigen Zeiten erholt hat, aber noch eine gewisse Vorsicht vorhanden ist und man den jetzigen Frieden und Fortschritt um jeden Preis zu erhalten versucht.

Annelie Tutsch

»Dieses Buch ist der Neuanfang der einst verlorenen Geschichte«

4.4.2145:

Gestern, am 3.4.2145 kamen Millionen von Menschen am Pariser Eiffelturm zusammen, um sich gemeinsam an den großen Wissensverlust, der sich gestern vor 20 Jahren ereignete, zu erinnern. Ein kurzer Rückblick auf den 3.4.2125 und was bisher geschah: Es war das wohl größte Ereignis in der Existenz des Menschen. Der Megarechner, der alles bisher erlangte Wissen und jedes antike Artefakt in sich hielt, fiel aus. Mit dem Megarechner verloren die Menschen auch Bezug zu ihren Vorfahren, ihrer Wissenschaft und Identität.

3.4.2125:

Die Welt befindet sich im Chaos. Der Megarechner fällt plötzlich aus und die Menschen verlieren mit ihrem auf dem Megarechner einst gespeicherten Wissen auch ihre Beziehungen. Jeder versucht all das, was er über die heiligen Schriften seiner Religion, die vergangenen geschichtlichen Ereignisse und die Wissenschaft weiß, auf Wände und in Gestein zu ritzen. Höhlen, Mauern und Gebäude fallen diesen verzweifelten Versuchen, Wissen festzuhalten, zum Opfer.

13.4.2125:

Zehn Tage nach dem Ausfall des Megarechners. In alten Papierfabriken werden nach langer Suche von ehemaligen Mitarbeitern Unterlagen gefunden, die erklären, wie früher abgeholzte Bäume zu Tonnen von Papier verarbeitet wurden. Auch wenn die Menschheit während der Zeit des Megarechners kein Papier brauchte und man sich einig war, auf Papier und die Nutzung von Holz zum Heizen zu verzichten, um den tropischen Regenwald zu regenerieren, wird impulsiv gehandelt. Der brasilianische Regenwald verliert nach nur wenigen Tagen 50 Millionen Hektar. Auch im Rest der Welt sind Bäume eine Rarität geworden, welche die OgB (Internationale Organisation gegen Baumfällung) zu schützen versucht. Durch das überstürzte Handeln vieler Regierungen und Großunternehmen fällt das allerdings schwer. Die Menschheit wollte nicht ein weiteres Stück ihres Wissens verlieren und so wurden Flächen über Flächen der Wälder abgeholzt. Viele Menschen haben durch den Schock des Ausfalls des Megarechners einen großen Teil ihres Wissens vergessen und hören langsam auf, es zu verewigen. Auch werden viele Malereien im Laufe der Krise schnell durch Unwetter und Übermalungen anderer wieder zerstört.

29.6.2125:

Fast drei Monate sind vergangen, seitdem die Menschen ihr Wissen verloren haben. Durch gesammelte Erinnerungen über den Bau der früher weltweit benutzten Handys gelingt es einem wissenschaftlichen Unternehmen, diese nachzubauen und mithilfe von Freiwilligen und globalen Militärdiensten mit Booten auf der ganzen Welt an die Menschen zu verteilen. Mithilfe von voreingespeicherten Telefonnummern auf diesen Handys soll es den Menschen ermöglicht werden, sich zu verständigen. Auch durch die noch intakten Freileitungsmasten und Mobilfunkstationen, die es trotz des Megarechners noch immer gibt, weil der Abriss dieser Strukturen zu teuer gewesen wäre, können die Handys funktionieren. Viele der Freiwilligen fallen den wechselhaften Wetterbedingungen der Ozeane zum Opfer und verschwinden mitsamt zahlreicher Handys in den Wellen des Meeres. Viele Ressourcen sind verschwendet und Leben verloren. Auch wenn ein Teil der Menschheit dank der Handys verbunden ist, gibt es viele Menschen, die noch isoliert sind. Fliegen ist durch die Knappheit der Bäume und wegen der schlechten Luftqualität nicht erlaubt und die Flughäfen sind geschlossen.

3.4.2126:

Ein Jahr ist seit dem Ausfall des Megarechners vergangen. Der Großteil der Bevölkerung ist wieder miteinander verbunden und kaum ein Land ist mehr isoliert dank der Handys und der Entwicklung von einem durch gemeinsame Bemühungen und gebündelte Erinnerungen neu entwickelten internationalen, extrem leistungsfähigen Computernetzwerk, das jedem Menschen auf der Welt Zugang ermöglicht. Über dieses Netzwerk gelingt es den Menschen, zu kommunizieren und Dateien auf ihren Handys zu teilen. Diese Dateien beinhalten aufgeschriebenes Wissen, Nachrichten und Gedanken, auf die jeder Zugriff hat dank des öffentlichen Netzwerkes. Es entstehen viele Gesellschaften im Laufe dieses Jahres und sie stellen das von ihnen aufgeschriebene Wissen zusammen. Dadurch können physikalische Gesetze, historische Fakten und technologische Aufzeichnungen wiedererlangt werden. Dies ermöglicht nicht nur die weitere Erholung, sondern auch die wieder eintretende Technologisierung der Menschheit. Trotz der hohen Leistung des Computernetzwerks ist ein Crash durch die extrem hohe Anzahl an Handys, die mit ihm verbunden sind, zu erwarten. Somit wird kurze Zeit später eine neue App, welche auf jedem Handy zugänglich ist, erfunden. Sie fungiert als ein Forum, auf dem die Daten aus dem Netzwerk gespeichert und jederzeit abrufbar sind. Diese und die vorherigen Apps konnten im Laufe des Jahres 2125 durch die Informationen über das frühe Internet der 2000er erstellt werden.

3.4.2135:

Nach zehn Jahren ist es der Menschheit gelungen, geschätzte 90 Prozent des verlorenen Wissens wiederzuerlangen. Heilige Schriften sind dabei in veränderter Form, jedoch mit etwa gleichem Inhalt, in fast allen Sprachen verfügbar. So finden sich wieder Gruppen zusammen und die Menschheit gewinnt an Gemeinschaft. Die Menschheit ist produktiver und verbundener, einen Megarechner soll es nicht mehr geben. Stattdessen bleiben die Menschen bei ihren hochentwickelten Handys, die viel Wissen beinhalten und binden außerdem zur Sicherheit ein Buch, welches im Megarechner-Museum in Paris steht und aus allen Blättern besteht, die während der Krise zur Wissenserhaltung von den Menschen verfasst wurden. Dieses Buch ist der Neuanfang der einst verlorenen Geschichte und wird alle zehn Jahre von uns gefeiert. Der Mensch hat aus seinen Fehlern gelernt und sich von dem Ausfall des Megarechners erholt. Wegen des massiven Verbrauchs an Ressourcen eröffnet sich der Erde jedoch ein zweites Problem. Trotz der Regulierung der Papiernutzung durch digitale Wissensspeicherung auf den Handys haben sich die Wälder nicht erholt und der ständige Bau der Handys führt zu Ressourcenknappheit.

15.9.2135:

Die weltweit operierende Naturschutzorganisation (NO) züchtet Setzlinge und pflanzt diese auf die gerodeten Waldflächen. Aus jedem Land melden sich Tausende von Menschen freiwillig, um bei der Bepflanzung zu helfen. In 50 Jahren sollen 50 Prozent der

Waldfläche wiederhergestellt sein und die Luftqualität soll sich schon in den nächsten 15 Jahren enorm verbessern.

31.10.2135:

Die Ressourcen, die für den Bau der Handys benutzt werden, neigen sich dem Ende zu und viele Länder setzen ihr Geld auf Forschungsinstitute, welche versuchen, einen Weg zu finden, mit dem man aus dem Material eines alten Handys Materialien für mehrere neue Handys recyceln kann.

4.4.2145:

Obwohl das gestrige Fest viel Freude und Einheit mit sich brachte, sind wir in Gedanken bei den Ländern, die durch die Ressourcenknappheit kaum Rohstoffe mehr importieren können und unter wirtschaftlichen Problemen leiden. Auch der Fakt, dass sich unsere Technologie und unser Wissen durch alte recycelte Materialien nicht weiterentwickeln können, macht uns unsicher in Bezug auf unsere Zukunft.

Mia Uhlenbrock

»Vergesst nie, dass wir als Menschen selbst denken können und müssen!«

Liebe Leserinnen und Leser,

ich glaube, ich muss Ihnen gar nicht mitteilen, weshalb heute diese Sonderedition herausgebracht wird. Das Datum und der Fakt, dass es ein auf Papier geschriebener Artikel ist, verrät es Ihnen. 20 Jahre ist es nun her, dass sich unsere Welt schlagartig veränderte. Vor 20 Jahren fiel unser Computer aus, das Gehirn unserer Gesellschaft. Vor 20 Jahren fingen wir Menschen wieder an, selbstständig zu denken, zu lernen und zu lesen. Wir wurden herausgerissen aus einer scheinbar perfekt funktionierenden Welt, in der jeder Mensch alles weiß. Mit einer Politik, die sich nur um dieses Funktionieren dreht und die Wichtiges wie die Menschen vergaß. Wir alle waren geschockt an dem besagten Tag, doch in vielen von uns keimte die Hoffnung, dass wir uns jetzt als Gesellschaft, als Menschen wiederentdecken können.

Doch bevor ich den Ausfall weiter glorifiziere, werfen wir doch einen kleinen Blick zurück auf die letzten 20 Jahre: Vor 20 Jahren fiel unser Megarechner aus. Damit gingen alle digital gespeicherten Informationen, also das Wissen der gesamten Welt verloren. Wir standen mit nichts da, außer dem Wissen in unseren Köpfen.

Vor 19,5 Jahren wurde offiziell die United-Knowledge-Gruppe gegründet. Sie vereint die wichtigsten und renommiertesten Wissenschaftler unserer Zeit. Neben ihr entstanden weitere globale Vereinigungen zur Überwindung der Krise.

Doch mit dem Aufkommen dieser diplomatischen und integrativen Lösungsansätze entstanden auch Rebellengruppen, die die Krise für sich nutzen wollten. Sie wollten die Kontrolle über den neu entstehenden Handel und schlichen sich in die Organisationsgruppen ein, um einen Überblick zu haben.

Kurz darauf brach die gesamte Wirtschaft zusammen. Firmen konnten ohne die Daten weder ihre Produktion fortführen noch konnten sie mit anderen Unternehmen kommunizieren. Es gab keinen Weltmarkt mehr; es gab überhaupt keinen Markt mehr. Menschen verloren ihre gesamten Anlagen, Panik breitete sich immer mehr aus. Es passierte das gleiche Phänomen, das wir schon vor über 100 Jahren vorher erlebt hatten. Die Menschen fingen an zu horten. Das Motto: Hauptsache ich! Schnell gab es in keinem Supermarkt mehr Essen oder Hygieneartikel. Die, die diese Dinge nicht hatten, fielen hinten runter. Niemand von den Regierungen dachte an die, die Hilfe benötigten. Altenheime, generell Pflegeeinrichtungen, Krankenhäuser, soziale Einrichtungen, aber auch die, die auf die Hilfe anderer angewiesen sind, erlebten in dieser Zeit ihre persönliche Hölle.

Was zu diesem Horror noch dazukam, war, dass niemand sich mitteilen konnte. Es gab nichts mehr außer der persönlichen Kommunikation von Mensch zu Mensch. Kein Telefonieren, Chatten, Facetimen. Das hieß, dass die Menschen nichts mitbekamen als ihr direktes Umfeld. Es entstanden parallele Realitäten. Als es kein Benzin mehr gab und die Post gemeinsam mit der Wirtschaft in sich zusammengebrochen war, entstand eine komplette Isolation. Von jeder Regierung wurde der Ausnahmezustand ausgerufen. Es wurde beschlossen, dass sich die Städte und Gemeinden lokal organisieren sollen. Das führte dann zu unterschiedlichen Herangehensweisen an die Krise.

Schnell wurden alte Formen der Kommunikation wiederbelebt, damit die Krise, so gut es ging, eingedämmt werden konnte. Zuerst wurde nach vielen Versuchen wieder Papier hergestellt, dann konnten einzelne Briefe durch Privatanbieter versendet werden, später dann Telegramme und Telefonleitungen. Die globalen Vereinigungen stellten Listen auf, nach Priorität sortiert: Die Wiederherstellung der Kommunikation, die Sicherung der sozialen Sicherheit, dann Krankenhäuser, Senioreneinrichtungen et cetera, die stabilisiert wurden durch mehr Personal und vor allem durch mehr Versorgung. Jede Art von Restbestand wurde ausgeschöpft. Weiter auf der Liste stand die Sicherung der globalen Versorgung mit Trinkwasser und Grundnahrungsmitteln. Dann die Wiederherstellung der Mobilität und des Transports, die Wiederherstellung der Landwirtschaft und der größte und schwierigste Punkt: der Wiederaufbau der globalen Wirtschaft. Während dieser jahrelangen Prozesse versorgte uns die United Knowledge mit winzigen Bruchstücken unseres verloren gegangenen Wissens. Es waren Professoren, Politiker, Ärzte, Anwälte, Arbeiter, Landwirte und viele mehr, die durch das händische Zusammentragen des Wissens aus ihren Köpfen neue Grundlagen schufen. Sie erstellten Programme, Lernzettel, Bücher – die später auch unter die Menschen gebracht wurden –, um dieses gesammelte Wissen zu speichern. Trotzdem mussten wir Menschen wieder kreativer werden, das Wissen anwenden und am wichtigsten, uns austauschen, helfen und füreinander da sein.

Ich habe nur einen Bruchteil der Probleme und verschiedenen Lösungsansätze beleuchtet, aber die meisten haben Sie, liebe Leser, ja wahrscheinlich selbst miterleben müssen. Doch möchte ich Ihnen jetzt nicht nur die tragischen Auswirkungen darlegen, über diese gibt es mittlerweile genug Berichte. Ich möchte mit Ihnen darüber reden, dass trotz des Horrors und der Hoffnungslosigkeit wir als Menschen über uns hinausgewachsen sind.

Wir waren abhängig. Abhängig von einem einzigen Gerät. Natürlich war der Megarechner nicht einfach *irgendein* Gerät, doch trotzdem war er nur eine Maschine. Eine Maschine, die wir selbst zusammengestellt haben und von der wir uns trotzdem haben abhängig machen lassen. Wir sind als Gruppe, als Spezies zu so viel fähig. Wir haben alles, was wir heute als selbstverständlich ansehen, selbst geschaffen. Versteht mich nicht falsch, liebe Leser. Ich bin dafür, dass wir unser Leben so einfach wie möglich gestalten. Aber sollten wir nicht ein einfaches Leben leben, damit wir mehr Zeit damit verbringen können, uns selbst zu entdecken, unsere Interessen auszuleben, Kontakte zu Mitmenschen zu pflegen und zuallererst selbst zu denken? Mit der Abhängigkeit vom Megarechner wurde uns all das verwehrt. Wir wurden ausgewählt für unsere Berufe von Algorithmen, nachdem wir durch andere Algorithmen für einen bestimmten Bildungsgrad ausgewählt wurden. Es ist gut, das Beste aus sich herauszuholen, aber nicht einmal die Wahl zu haben, kann doch nicht die Lösung sein. Und ich weiß, dass mir nach Veröffentlichen meines Artikels wieder viele sagen werden, dass meine Ansichten veraltet seien und dass ich einfach nur Angst habe. Angst davor, dass wir alle als Gesellschaft uns noch mal so abhängig machen von einem Gerät. Wir haben doch alle kollektiv miterlebt, was für schreckliche Auswirkungen dieser Shutdown hatte. Was es heißt, wenn einmal alles in sich zusammenbricht. Es ist nun 20 Jahre her und wir haben uns noch lange nicht vollständig erholt. Die Wirtschaft balanciert seit Jahren auf einem schmalen Balken. Wir haben einen Großteil unserer Restversorgungen und unseres Geldes aufgebraucht, die Bildung lässt sich gar nicht mehr qualitativ vergleichen mit der, die wir vor dem Shutdown hatten. Doch wir sind als Gesellschaft näher zusammengerückt. Wir haben mal wieder miteinander geredet, uns ausgetauscht und die Probleme der Gesellschaft und die moderne soziale Frage aufgegriffen. Die Kluft zwischen Arm und Reich, Privilegiert und Unprivilegiert wurde so deutlich wie seit Jahrzehnten nicht mehr.

Bitte vergesst nie, dass wir als Menschen selbst denken können und müssen. Dass wir nur dann stark sind, wenn wir zusammenhalten und unsere Stärken vereinen! Ich bin zu alt, um diese Message noch viel länger zu verbreiten. Doch man kann aus jeder Krise lernen. Sie ist, wie schrecklich sie auch sein mag, eine Warnung. Nehmt sie an und begeht nicht die gleichen Fehler wie wir! Damit verabschiede ich mich von Ihnen, liebe Leser und bedanke mich für Ihre Aufmerksamkeit!

Ricardo Otero Vazquez

»Nun wird wieder Geschichte geschrieben«

Besser könnte die Zukunft nicht aussehen. Wir schreiben das Jahr 2125 und die Menschen leben in Frieden und Wohlstand. Seit es den sogenannten Megarechner gibt, gibt es keine Krisen, keine Kriege, keine Armut und keinen Hunger mehr. Die künstliche Intelligenz des Megarechners speichert das Wissen vieler Generationen und ist damit viel schlauer, als es je ein Mensch werden könnte. Viele Menschen sind sich sicher, dass diese künstliche Intelligenz allwissend ist. Verschiedene Staaten oder Regierungen gibt es nicht mehr, da die Menschen herausgefunden haben, dass die Teilung und Abgrenzung voneinander nur zu Konflikten und Gewalt führt. Stattdessen gibt es einen großen Staat namens Oneworld und die »allwissende« KI herrscht über die Menschheit. Durch die KI konnte im Jahr 2071 der Klimawandel überwunden werden.

Nach den schlimmen Folgen des Dritten Weltkrieges im Jahre 2083 erkannte die Menschheit, dass es nicht so weitergehen konnte wie zuvor. Die vielen Staaten schlossen sich zu diesem einen großen Staat zusammen und die KI wurde als absoluter Herrscher an die Spitze gestellt. Durch die Herrschaft der KI ging es den Menschen sehr gut: Die Spaltung zwischen Arm und Reich wurde behoben, es gab keinen Grund für Kriege mehr und auch Naturkatastrophen und Krankheiten wurden ganz aus der Welt geschafft. Die Menschen wurden faul, da viele Berufe von Robotern und anderen künstlichen Intelligenzen übernommen wurden.

Fernseher, Laptops, Konsolen oder Computer? Das sind alles Geräte der Vergangenheit. Jeder Mensch hat einen klitzekleinen Mikrochip im Körper, durch den man auf den Megarechner zugreifen kann. Dadurch können sie alle Medien, also Fotos, Videos, Filme und Gemälde aus allen Jahrhunderten und auch alles Wissen, das sich in den Jahrtausenden angesammelt hat, abrufen. Zum Beispiel Mozarts fünfte Symphonie und das Gemälde der Mona Lisa von Leonardo da Vinci waren zeitweise wieder im Trend. Viele der jungen Menschen wissen zwar, dass die Menschen vor 100 Jahren Bücher besessen und gelesen haben, doch niemand hatte je ein richtiges Buch in den Händen.

Auch diese sogenannten »Smartphones« sind ein Relikt der Vergangenheit. Durch den Mikrochip kann man mit einem Augenzwinkern auf das unendliche Spektrum an Medien des Megarechners zugreifen. Viele Menschen leben gar nicht mehr in der langweiligen realen Welt: Sie leben in der virtuellen Welt, in der sie sein können, was sie wollen. Egal ob Charakter einer Serie oder eines Videospiels, du kannst alles sein. Es gibt auch einige Menschen, die gar nicht auf der Erde leben, sondern auf dem Mond und dem Mars. Um die Überbevölkerung und den Mangel der Ressourcen zu stoppen, investierte die KI des Megarechners im Jahre 2104 in die Raumfahrt und die Ansiedlung auf fremde Planeten. Dort können die Menschen dank der neuen Technologien der KI des Megarechners überleben und sich ausbreiten.

So schön, so gut, doch mit der Krise, die 2125 eintreten würde, hätte keiner gerechnet. Durch einen unbekannten Vorfall fiel der Megarechner aus. Der Zugriff auf die unendlichen Medien und das Wissen der Menschheit brach ab und die Daten waren verloren. Die künstliche Intelligenz des Megarechners, die die Welt doch so gut regiert hatte, war weg. Es wurde von allen Menschen sofort bemerkt, da plötzlich ihr Mikrochip, der mit dem Megarechner verbunden war, ausfiel. Panik und Verwirrung breitete sich in der Bevölkerung aus. Manche vermuteten einen Test, manche nur eine kurze Fehlfunktion und manche sogar einen Scherz. Aber nachdem auch die nächsten Tage die Mikrochips nicht funktionierten, wuchs die Panik der Bevölkerung.

Die Verantwortlichen konnten sich die Ursache nicht erklären und keine Lösung finden. Sie konnten auch nicht die anderen Menschen kontaktieren, da es weder Telefone noch Fernseher gab. Es gab nur den Mikrochip, der nicht mehr funktionierte. Die Verantwortlichen waren völlig überfordert, da es noch nie einen Ausfall des Megarechners gab und niemand im Entferntesten daran gedacht hatte, dass dies geschehen könnte. Normalerweise würden die Menschen nun auf eine Anweisung der allwissenden künstlichen Intelligenz warten, denn sie hatte immer alles für die Menschen organisiert. Doch jetzt waren sie auf sich allein gestellt.

Es herrschte ein riesiges Chaos. Es wurde sich auf den Straßen der Megastädte getroffen, aber anstatt nach einer Lösung zu suchen, wurde nur wild geredet und panisch herumgerannt. Nach vielen gescheiterten Versuchen konnten sich manche Menschen, die ein wenig mehr Ahnung als die anderen hatten, Gehör verschaffen. Es wurde diskutiert, wie es nun weitergehen soll. Zum Glück hatte der Ausfall des Megarechners keine Auswirkungen auf die Strom- und Energieversorgung, sodass niemand Angst haben musste zu verhungern oder zu verdursten. Die Roboter taten noch ihre Aufgaben, aber wie lange noch? Wer sollte nun das Kommando übernehmen und der Nachfolger der KI werden? Wie lange wird der Megarechner noch ausgefallen bleiben? Nach mehreren Stunden wurde sich darauf geeinigt, dass die Menschen mit der meisten Ahnung die Verantwortung übernehmen sollen. Nun war aber die Frage: Wie wird weiter vorgegangen? Die Kommunikation mit den Menschen, die in anderen Städten oder auf

Twoworld oder Threeworld (auf anderen Planeten) leben, war völlig unmöglich. Die einzelnen Städte mussten sich deshalb erst mal untereinander einigen, wie sie fortfahren.

Da es nach diesen schicksalhaften Tagen etwas brauchte, bis die Menschen mit der Krisensituation umzugehen wussten, gebe ich euch eine Zusammenfassung des Verlaufs der nächsten 20 Jahre: Nachdem der Megarechner auch nach Wochen und Monaten nicht wieder funktionierte, gaben die Menschen die Hoffnung auf die Rückkehr der KI auf. Es konnte niemand den Megarechner reparieren oder die KI noch einmal »herstellen«, da sie eine Zusammensetzung des Wissens aus vergangenen Jahrhunderten war. Die Menschheit stand da ohne Wissen oder Medien und auch ohne Kommunikation mit weit entfernten Menschen, die vielleicht mehr wussten. Bücher, Gemälde, Tonträger und andere physische Medien wurden schon vor langer Zeit in Biomasse umgewandelt, damit die Menschen vor Ressourcenknappheit bewahrt wurden. Also mussten sie sich ihr Wissen wieder erarbeiten und versuchten, sich zu bilden, was sehr schwer war. Denn Schulen oder Universitäten wurden vor langer Zeit abgeschafft, da Bildung sinnlos war, weil es keine Berufe mehr gab und man sich auch in nur wenigen Stunden über jedes beliebige Thema durch den Megarechner informieren konnte.

Menschen, die mehr Wissen als andere besaßen, bekamen die Verantwortung und Macht über alle anderen. Somit gründeten sich verschiedene kleine Staaten. Die Menschen begannen zu lernen, doch dabei entstanden verschiedene Meinungen und damit auch Konflikte und Streit. Sie teilten sich in verschiedene Gruppen auf. Gruppen mit ähnlicher Meinung bündelten sich jeweils zu einem kleinen Staat, in dem es einen Herrscher gab: Die Oneworld teilte sich auf.

Zuerst war dies kein großes Problem, da es nur zu kleinen Diskussionen zwischen Menschen verschiedener Staaten kam, denn sie lebten alle in Wohlstand. Aber nur bis zum Jahre 2135. Zehn Jahre nach dem Ausfall des Megarechners kam es plötzlich zu einer weiteren großen Krise: Die Roboter gaben auch den Geist auf, sodass Städte nicht mehr mit Lebensmitteln, Wasser und Strom versorgt wurden. Die 3-D-Drucker, die die Lebensmittel herstellten, fielen auch plötzlich aus. Die Menschen hatten Angst und verspürten eine existenzielle Bedrohung. Die Ressourcen der einzelnen Städte wurden knapp und die Städte begannen, sich gegenseitig die letzten Reserven zu stehlen. Es gab Hungersnöte und die Menschen beschützten ihre Ressourcen mit allem, was sie hatten. Sie bauten Waffen, um sich zu verteidigen, aber auch um andere für deren Ressourcen anzugreifen. Ein wildes Blutbad entbrannte und in dieser Zeit verloren zum ersten Mal seit über 100 Jahren viele Menschen durch Gewalt ihr Leben.

Während der Herrschaft der KI brauchte man keinen Gott mehr, weil alle in Wohlstand und ohne irgendwelche Probleme lebten. Aber jetzt, in dieser Zeit der Gewalt und des Todes, entstanden wieder Sekten und Religionen. Eine der größten Religionen, die sich in den verschiedenen Staaten ausbreitete, war die Religion der künstlichen Intelligenz, deren Anhänger sich nichts mehr als die Rückkehr der KI wünschten. Durch diese Religionen kam es aber leider wieder zu Trennungen und Gruppierungen in der Gesellschaft.

Nach diesem Jahr des Totschlags und des Chaos konnte endlich eine Lösung gefunden werden. Im Keller eines alten Mannes fand man ein Buch über die Landwirtschaft, das über sehr viele Generationen dort versteckt wurde und nun die Rettung war. Durch das Buch lernten die Menschen wieder, Pflanzen anzubauen und sie zu ernten. Die unbrauchbaren Roboter wurden recycelt, damit man aus ihren Teilen Werkzeuge bauen konnte. Zuerst wurden die Metallteile umgeschmiedet, um einfache Werkzeuge wie Hacken, Spaten, Harken oder Sicheln herzustellen. Und anhand des Buches hatten sie eine Anleitung, wie Gemüse und Obst angepflanzt werden musste. Auch wenn es am Anfang noch ein paar Fehlversuche und Umständlichkeiten gab, entwickelte sich die Landwirtschaft schnell. Den Menschen ging es langsam wieder besser und die Hungersnöte sowie der Kampf um Lebensmittel, wurde überwunden. Doch die Menschheit blieb immer noch gespalten.

Ursprünglich hatte niemand in den einzelnen Staaten etwas dagegen, dass nur eine Person der Herrscher war. Aber nachdem die Idee der Mitbestimmung und Freiheit in der Gesellschaft wuchs, zweifelten viele Leute einen alleinigen Herrscher an.

Wir schreiben nun das Jahr 2145. Die Alleinherrscher wurden in vielen Staaten abgelöst und Republiken gegründet. Die Menschheit wurde wieder in einen Zustand wie vor mehreren 100 Jahren zurückversetzt. Es gab fast keine elektronischen Geräte und sie nutzten mittelalterliche Werkzeuge, aber der Geist der Demokratie verbreitete sich auf der ganzen Welt. Trotzdem lebten viele Menschen nicht mehr im Wohlstand. Dies geschah vor allem, da Wissen zu diesen Zeiten das Wertvollste war. Menschen, die viel Wissen hatten, konnten ihre Macht ausnutzen und andere Menschen, die abhängig von ihnen waren, ausbeuten.

Auch der Handel, der langsam wiederkehrte und die Knappheit der Ressourcen spielten eine große Rolle dabei, dass Wohlstand in den Händen weniger blieb. Es gab wieder manche Menschen, die reicher waren und somit mehr Macht hatten und es gab arme Menschen, die Hunger litten. Diese Spaltung wuchs und Kriege und Krisen brachen aus. Durch geniale Menschen wurde aber zum Glück mit der Zeit das Wissen, das verloren gegangen war, Stück für Stück neu geschaffen. Nachdem wieder der Strom funktionierte, wurden elektrische Geräte erfunden, die das Überleben einfacher und komfortabler machten. Der technologische Fortschritt stieg exponentiell an, doch auch im Medizinwesen gab es dadurch viele Erfolge, sodass die Menschen wieder anfangen konnten, mit Musik und Filmen für Ablenkung und Unterhaltung zu sorgen.

So kehren im Jahr 2145 Wohl- und Wissensstand langsam zurück. Viele der jüngeren Menschen wissen schon gar nicht mehr, wie das sorglose und problemfreie Leben mit der KI vor noch 20 Jahren gewesen ist. Hoffentlich wird in den nächsten Jahrzehnten das Wissen der Menschen wachsen, sodass es vielleicht zu einer schönen Zukunft kommen kann, die mit 2125 vergleichbar ist. Natürlich ist es schade, dass das Wissen im Megarechner verloren gegangen ist, aber nun wird wieder Geschichte geschrieben. Es wird wieder Wissen angehäuft und aus den Fehlern, die wir gemacht haben, gelernt.

Philip Walter

»Nach spätestens drei Jahren haben wir das wichtige Wissen zurückerlangt«

Ein sogenannter Megarechner bringt den Menschen sehr viele Vorteile. Allein die unbegrenzte Kommunikation und der unbegrenzte Zugriff auf das Wissen aller Datenbanken machen den Rechner essenziell für das Leben der Menschen. Dennoch bin ich überzeugt, dass wenn dieser Rechner im Jahr 2125 ausfällt, die Menschheit überleben wird und nach spätesten 20 Jahren diesen Ausfall kompensiert hat.

Im Jahr 2125 steht die Welt Kopf. Durch den Wegbruch der Kommunikation über das Endgerät werden wir alle sehr schnell wieder ins 19.Jahrhundert versetzt. Somit entwickelt sich die Globalisierung rasant zurück und es dauert lange, bis die ganze Welt von dem Desaster mitbekommt. Durch den Ausfall ist erst nur noch die direkte Kommunikation und bald das Schreiben von Briefen möglich. Dies stellt ein großes Problem dar. Die Menschheit ist es nicht mehr gewohnt, etwas mit der Hand zu schreiben und zusätzlich werden am Anfang die notwendigen Ressourcen wie zum Beispiel Papier und Stifte fehlen. Ich gehe jedoch davon aus, dass Papier, solange es noch Bäume gibt, schnell wieder verfügbar sein wird. Außerdem ist das Netzwerk der Post extrem veraltet, da dieses die letzten 100 Jahre nur noch selten zum Einsatz kam.

Etwas über den Atlantik zu bringen, dauert nun nicht mehr nur wenige Sekunden, sondern mehrere Tage. Dadurch bricht die gesamte globale Wirtschaft zusammen. Diese Wirtschaftskrise ist nicht mit der von 2006 oder 2021 zu vergleichen, sondern fällt härter aus. Dadurch verlieren Millionen von Menschen ihre Arbeit oder auch ihr Vermögen. Niemand weiß genau, was passiert. Ähnlich wie zu Corona-Zeiten, nur dass man nicht einmal mehr über Medien oder andere Kanäle über die aktuelle Lage informiert werden kann. Dadurch wird die Angst der Bevölkerung natürlich nicht kleiner. Das hat auch Auswirkungen auf das Leben in Deutschland. Da wir schon länger nicht mehr Exportweltmeister sind, trifft uns das Ganze nicht so hart, wie es das vielleicht früher getan hätte. Die Ernährung und Gesamtsituation lassen sich mit der im Krieg vergleichen. Jedes Land ist abgeschottet und versorgt sich selbst. Durch kurze Distanzen und die Europäische Union haben wir gute Bedingungen, diese Krise zu meistern. Trotzdem könnte es durch den Zusammenbruch der Wirtschaft zu mehr Armut und einer Depression kommen.

Schon heutzutage ist es auffallend, wie schnell die Menschheit von ihren Handys abhängig wurde. Mir geht es leider genauso. Einige Stunden das Handy auszuschalten und einmal nicht erreichbar zu sein, fühlt sich für mich schon sehr komisch an. Wir verbringen unzählige Stunden am Tag vor diesen Geräten und sie sind einfach nicht mehr wegzudenken. Schwer vorstellbar, welchen Einfluss dieser Megarechner auf uns hätte. Ich sehe das Suchtpotenzial hier. Ein Gerät, das alles weiß und alles kann, kann einen schnell abhängig machen. Wenn durch dieses Gerät die Kommunikation nur noch digital stattfindet und Menschen verblöden, da das Gerät alles für sie erledigt, ist der Ausfall in dieser Hinsicht jedoch gar nicht so negativ zu sehen.

Denn die Menschheit ist nun gezwungen, sich zu treffen, sich in der Realität auszutauschen und sich Wissen anzueignen. Ich würde behaupten, dass der Durchschnitt der Schüler meines Alters in Bezug auf die Mediennutzung bei über drei Stunden liegt. Wenn diese drei Stunden Mediennutzung nun wegfallen, ist dies eine große Chance, diese freie Zeit besser zu nutzen. Dadurch könnten Offline-Aktivitäten wie Hobbys, Sport und Freunde deutlich an Bedeutung gewinnen – jedoch wird dies nur im nahen Umfeld des Wohnortes möglich sein. Kontakte in andere Regionen wird es aufgrund der mühseligen Kommunikation nur noch wenig geben. Hobbys wie Skifahren oder Bergsteigen kann man nur noch vor Ort ausüben. Bye-bye Skiurlaub.

Ein weiterer positiver Effekt lässt sich für die Psyche des Menschen erkennen. Denn meiner Meinung nach wurde der Mensch dazu geschaffen, in der echten Welt Dinge zu erleben und sich in ihr zu bewegen. Dazu zählt nicht, acht Stunden am Tag mit schlechter Haltung auf einen Bildschirm zu starren. Deshalb wird dieser Wegfall dem Menschen guttun, da er so weniger Ablenkung erfährt und sich auf die wichtigen Dinge fokussieren kann.

Der Wegfall der Kommunikation hat zwar viele negative Konsequenzen, allerdings könnte dieser Digital Detox auch zu einem deutlich entspannteren Leben führen. Das Gefühl, nicht immer erreichbar sein zu müssen, kann sehr befreiend sein.

Der Spruch »Wissen ist Macht« kommt nicht von ungefähr und verdeutlicht, welch riesigen Einfluss dieses allwissende Gerät hatte. Wenn ein Gerät Zugriff auf jegliche Daten hat und diese dann auch noch strukturiert präsentiert, ist das ein Gamechanger. Jegliche Form des Auswendiglernens oder des Aneignens von Wissen ist über die letzten 100 Jahre sinnlos geworden, da man ja alles seinen Freund, den Megarechner, fragen konnte. Ab irgendeinem Punkt muss man sich allerdings fragen, wie viel Wissen *zu viel* Wissen ist.

Wenn jeder Mensch alles wissen kann, stellt dies natürlich auch ganze Länder vor Probleme. Wenn jeder Nordkoreaner wissen würde, wie es uns im Westen geht oder jeder Amerikaner wissen würde, wie oft Trump Insolvenz beantragt hat, hätte das große, in diesen Fällen positive Auswirkungen auf die Welt. Dieses unendliche Wissen kann einen persönlich aber auch unglücklich machen. Viel zu wissen ist gut, zu viel wissen allerdings nicht.

Apropos Wissen: Das wohl größte Problem, das der Ausfall mit sich bringt, sind die Milliarden an Daten, die verloren gehen. Natürlich kann keine einzelne Person alle diese Daten kennen und den Ausfall somit kompensieren, aber vielleicht schaffen es Millionen von Menschen, zusammen die Daten wiederherzustellen. Erschwerend kommt leider dazu, dass die Menschheit sich auf den Megarechner verlassen hat und die Menschen somit über die Jahre immer mehr vergessen haben. Würde mir genauso gehen, denn warum alles mühselig lernen, wenn der Megarechner ja sowieso alles weiß? Ich denke, das alles »wichtige« Wissen schnell wiedererlangt werden kann, da es immer noch Experten für diese Themen gibt. Generell würde ich behaupten, dass 80 Prozent meines Wissens in vielerlei Hinsicht sehr sinnlos ist. Es ist vielleicht interessant, aber alle Spieler des FC Bayern aufzählen zu können, bringt mich im Leben wenig weiter. Daher denke ich, dass der Verlust der Daten natürlich schon wehtut, allerdings lang nicht so stark ins Gewicht fällt, wie man das vielleicht denkt.

Die wichtigen 20 Prozent der Informationen zusammenzutragen, könnte sich jedoch als schwierig gestalten. Obwohl ich denke, dass diese 20 Prozent auf viele Köpfe verteilt noch vorhanden sind, wird es schwer sein, ohne ein funktionierendes Kommunikationssystem diese Leute zu finden und zu vereinen. Doch mit etwas Zeit wird man auch dies meistern. Davon bin ich überzeugt. Ich denke, nach spätestens drei Jahren haben wir das wichtige Wissen zurückerlangt und werden dieses in analoger Form in Büchern speichern.

Das Comeback: Ob es die richtige Entscheidung ist, den Megarechner wiederaufzubauen, ist eine schwierige Frage. Die Vorteile des Megacomputers sind leicht zu benennen. Globale, schnelle, einfache Kommunikation ist essenziell für das Bestehen einer globalen Wirtschaft, durch welche Trilliarden bewegt werden und an welcher das Schicksal von so vielen Menschen hängt. Negativ zu sehen wäre zum einen das sinnlose Zeitverbringen mit dem Gerät und zum anderen der durch die ständige Kommunikation entstehende Stress.

Im Endeffekt bin ich sicher, dass der Megacomputer wiederaufgebaut wird, denn vor allem der wirtschaftliche Aspekt wird in dieser Diskussion überwiegen. Meine Hoffnung bleibt allerdings, dass die Menschen von diesem Digital Detox lernen und ihre Mediennutzung anpassen. Wenn dies passiert, war der Ausfall des Megarechners vielleicht sogar das Beste, was der Menschheit passieren konnte.

Tim Weber

»Auf Umweltschonung wurde also erst mal verzichtet«

Nachdem der Megarechner im Jahr 2125 ausgefallen war, war plötzlich das gesammelte Wissen der Menschheit verschwunden. So ein tragisches Ereignis beeinflusste unser tägliches Leben enorm. Übrig blieb nur das Wissen in unseren Köpfen. Was passiert nun im Zeitalter der völligen Digitalisierung? Stürzt die Welt ins Chaos und wir leben seitdem in mittelalterlichen Bedingungen?

Die »Mega-Katastrophe« beschränkte sich vor allem auf die Kommunikation unter den Menschen. Große Einflüsse hatte dies auf unser Gesundheitssystem. Da die Endgeräte nun nicht mehr funktionsfähig waren, konnte im Falle eines Notfalls kein Krankenwagen mehr gerufen werden. Zudem sind alle Patientendaten verschwunden. Können Krankheitsbilder so noch richtig ausgewertet werden?

Vor allem in den ersten paar Jahren nach der Katastrophe war die Welt vorerst in Chaos verfallen. Besonders betroffen waren Bildungseinrichtungen. Grundschulen waren weniger betroffen als Oberschulen und Universitäten aufgrund des sehr speziellen Wissens, welches letztere übermitteln. Lehrer oder Doktoren, die nicht alles aus dem Lehrplan im Kopf hatten, wussten nicht mehr weiter. Zum Glück standen sie im direkten Austausch mit anderen Fachkräften. Somit war das Problem nach circa drei Jahren größtenteils behoben. Alle möglichen schlauen Köpfe des Bildungswesens trafen sich mit ihren Fachbereichen und schrieben ihr Wissen einfach wieder auf. Auf diese Weise ergänzten sie sich gegenseitig. Es war zwar zeitaufwendig, aber es funktionierte.

Auch die Politik litt unter dem Ausfall des Megarechners. Es war das Jahr 2125 im Zeitalter der völligen Digitalisierung. Die Bürger wurden hauptsächlich über die Endgeräte informiert, doch diese funktionierten nicht mehr. Problematisch war dies vor allem in Ländern, in denen Spannungen herrschten. Es ergab sich eine Gelegenheit, seinen »Feind« anzugreifen. Bei einem blitzartigen Angriff hätte man sich aufgrund der mangelnden Kommunikation weder verteidigen noch die Informationen über diesen weitergeben können, sodass der Angegriffene schutzlos ausgeliefert wäre. Einen Großteil der Waffen kann man nicht nutzen, da diese einen Zugang zu bestimmten Datenbanken erfordern (Standortdaten, Gesichtserkennung). Allerdings hat jedes Land eine gewisse Menge an manuell steuerbaren Waffen, welche zum Angriff verwendet werden könnten. Trotzdem nutzte diese, aus Angst vor Fehlern der überalterten Technik und den Atom- und Wasserstoffbomben, keiner.

Der internationale Handel wurde beeinträchtigt, da nur verlangsamt, zum Beispiel über Briefe, kommuniziert wurde. Um an das nötige Papier zu gelangen, wurden kurzerhand nach einigem gemeinschaftlichem Tüfteln auf Erinnerungsbasis provisorische Papiermanufakturen gebaut, welche organisches Material zusammenpressen, um eine Art Papier herzustellen.

Immerhin flogen noch Flugzeuge. Es kam also nur zu Verzögerungen und nicht zur Lebensmittelknappheit. Dabei entstanden für ein paar Jahre ziemlich viele Probleme, weil der Handel hauptsächlich online geführt wurde. In Deutschland betraf uns das weniger, weil wir auch 2125 noch mehr Schweinefleisch produzierten als wir jemals essen könnten. Man löste diese Probleme recht schnell, weil man international zusammenarbeitete. Was die Nahrungsbeschaffung betraf, versuchten die Länder, nach der Katastrophe von anderen Ländern unabhängig zu werden. Auf Umweltschonung wurde also erst mal verzichtet. Um die zehn Milliarden Menschen zu füttern, stellte die Landwirtschaft komplett auf Massentierhaltung um und nutzte Genmodifizierung und Pestizide, um möglichst viel Nahrung zu produzieren. Es ging um die Sicherung der menschlichen Existenz. Später, nachdem die kommunikativen Probleme durch die internationale Versammlung der »schlauen Köpfe« gelöst wurden, stellte man die Produktion wieder so um, dass die Umwelt minimal litt.

Positiv wirkte sich die Katastrophe nicht auf die Wirtschaft aus, unmittelbar nach ihr sank die Konjunktur, es gab einen Aktiencrash. Allerdings war dies auch eine Chance für neue und alte Unternehmen.

Das waren alles Probleme, die die Menschheit in 20 Jahren gelöst hat. Menschen mit enormem fachspezifischen Wissen haben an Bedeutung gewonnen. Sie dienten als Berater in Politik, Wirtschaft und Forschung; und nicht mehr die KI. In den 20 Jahren haben sich die schlauen Köpfe hingesetzt und eine Lösung gefunden. Diese internationale Einigung veranlasste, neue Server zu bauen und trainierte erneut verschiedene KIs, baute Mobiltelefone, schrieb ihr Wissen auf und speicherte es auf den Servern. Das war selbstverständlich ein lang andauernder Prozess. Allerdings denke ich nicht, dass die Menschen in ihrer Entwicklung einen Schritt zurückgehen würden und wegen des Ausfalls nun auf einem mittelalterlichen Bauernhof leben würden.

Auf diese Weise wurde der Verlust an Wissen aufgeholt. Was allerdings verloren ging, war ein großer Teil der Kultur, da es keine Aufzeichnungen vergangener Werke mehr gab. Das ist zwar schade, aber man stirbt nicht dran. Es ist sogar eine Chance für Künstler, Musiker, Maler und Co. Da alle Bilder und Werke verschwunden sind, braucht man wahrscheinlich neue und Imitationen von alten.

Charlotte Weintraut

»Man musste auf die Kenntnisse und Fähigkeiten des anderen vertrauen, um überleben zu können«

Das Jahr 2125 veränderte das Leben auf dem Planet Erde gewaltig. Alles Wissen dieser Welt befand sich zu dieser Zeit auf einem einzigen Megarechner, der mit digitalen Endgeräten verbunden war, sodass alle Menschen jederzeit auf alle Informationen zurückgreifen konnten. Der Knackpunkt an dieser Sache, der letztendlich das Leben auf den Kopf stellte, war, dass alles, was je geschrieben, gemalt, komponiert, fotografiert und gedreht wurde nicht mehr analog zu finden war. Mit dem Ausfall des Megarechners aus (bis heute) unerklärlichen Gründen, entstand eine Welt, wie sie es noch nie gegeben hatte.

Die Bevölkerung geriet in Angst und Schrecken. Thomas Meier, ein Lehrer, berichtete von dem Moment des Geschehens: »Es fühlt sich an, als wäre der Ausfall erst gestern gewesen. Es war kurz vor Unterrichtsbeginn. Bevor ich den Klassenraum betrat, wollte ich noch einmal auf bereits von mir gespeicherte Materialien zurückgreifen. Ich zückte mein Endgerät und stellte fest, dass all meine angefertigten Materialien verschwunden waren. Ich wollte recherchieren, wie ich dieses Problem schnell beheben kann, doch auch das Zugreifen auf Internetplattformen war nicht mehr möglich.

Im Hintergrund hörte ich das Radio des Lehrerzimmers. Ein Radiosprecher informierte panisch über den unerklärlichen Ausfall des Megarechners. Die Techniker würden versuchen, das Problem über den Vormittag zu lösen.«

Dies ist den Technikern, IT-Wissenschaftlern und Physikern der Welt bis heute nicht gelungen. In den ersten Tagen nach dem Ausfall des Megarechners herrschte großes Chaos. Dieses Gefühl, nicht jederzeit auf Wissen zurückgreifen zu können, verunsicherte die Menschheit sehr und war ungewohnt. Für einige Arbeitsbereiche stellte dieser Ausfall ein riesiges Problem dar. Ärzte mussten auf ihre Fähigkeiten vertrauen und die Absprachen zwischen den Schichtwechseln waren äußerst wichtig. Der Ausfall stellte einen gewaltigen Rückschlag für Kultur und Geschichte dar. Alle erarbeiteten Erkenntnisse aus der Vergangenheit und alle Fortschritte waren von einem auf den anderen Tag vollständig gelöscht. Natürlich ist in jedem Menschen etwas Wissen gespeichert, aber dieses stellt nur einen unbeträchtlichen Teil dar. Kein Mensch weiß alles und vor allem fehlt die Genauigkeit. Würde man die Menschheit auffordern, ihr Wissen auf Papier zu bringen, hätte man nur einen Bruchteil der gelöschten, verloren gegangenen Informationen zurück.

Doch genau dies versuchte man trotzdem, nachdem man feststellte, dass eine baldige Wiederherstellung des verlorenen Wissens nicht möglich war. Da durch die Zurückführung in Biomasse kein Papier mehr vorrätig und auch die Herstellung aufgrund des fehlenden Wissens zur Bedienung der Fabriken nicht mehr möglich war und die Produktionsstätten nicht mehr existierten, da sie nach der Einführung des Megarechners nicht mehr gebraucht wurden, kamen einige auf die Idee, Papier selbst herzustellen. Dafür sammelten sie Blätter und fertigten mit ihrem Wissen eigenes Papier an, dessen Fertigstellung von vielen aufwendigen Arbeitsschritten geprägt war. Hatte man genügend Papier durch Handarbeit hergestellt, verteilte man es an die Menschen, die Teile des verloren gegangenen Wissens in ihren Köpfen abgespeichert hatten. Dieses wurde auf das angefertigte Papier übertragen und anschließend durch ehemalige Postboten, die Haus für Haus abklapperten und die Aufzeichnungen einsammelten, an einen Ort transportiert, an dem es beauftragte Personen entgegennahmen und verarbeiteten.

Zuerst wurden die Informationen thematisch geordnet und dann so niedergeschrieben, dass sie der Mehrheit der Texte entsprachen, um die Richtigkeit möglichst garantieren zu können. Es war von großer Wichtigkeit, dass all dies möglichst schnell passiert, da vor allem alte Personen entscheidend für den Wiederherstellungsprozess waren. Obwohl auf Hochtouren gearbeitet wurde, dauert dieser Prozess schon knapp zehn Jahre und ist heute, 20 Jahre später, noch nicht abgeschlossen. Generell wurde klar, dass ein Leben wie vor dem Ausfall nie wieder möglich sein wird. Es wird den Menschen nicht gelingen, die Vergangenheit in ihrer Vollständigkeit nachzubilden, aber man versucht, ihr mit jeder Ergänzung näherzukommen.

Nach diesem weltverändernden Ereignis entschied man sich, das Wissen auch analog zu bewahren, um einen erneuten Ausfall zu vermeiden beziehungsweise besser auf einen solchen vorbereitet zu sein. Nachdem das Wissen gebündelt war, machte man sich an den Bau eines neuen Megarechners, um die Menschen wieder mit umfassendem Wissen auszustatten. Auch das beanspruchte viel Zeit, sodass man erst nach circa 15 Jahren einen Zustand erreichte, der etwa dem entsprach, wie man ihn früher kannte. Diese Zeit war eine Zeit, die aus heutiger Sicht unvorstellbar ist. Man musste auf die Kenntnisse und Fähigkeiten des anderen vertrauen, um überleben zu können. Verschreibt der Arzt mir die richtigen Medikamente? Bringt der Lehrer mir jetzt das Richtige bei? Werde ich auf meinen zukünftigen Beruf richtig vorbereitet? Man weiß es nicht. Was anderes bleibt einem in dieser Situation nicht übrig.

Der Mensch kommt schließlich nicht mit Wissen auf die Welt, sondern muss sich dieses erst erarbeiten. Auch wenn nach 20 Jahren der Zustand etwa dem von 2125 entspricht, wurden in der Zeit keine weiteren Fortschritte gemacht.

Wäre der Ausfall nicht passiert, hätte man sich in diesen 20 Jahren weiterentwickeln und neue nützliche Kenntnisse erlangen können, die das Leben auf der Erde weiter vorangebracht hätten. Stattdessen musste Zeit dafür aufgeopfert werden, vorher vorhandene Kenntnisse zu rekonstruieren.

Dennoch hat der Ausfall gezeigt, dass man der Technologie, auch wenn sie eine riesige Bereicherung ist, nicht 100 Prozent vertrauen kann. Es sollte immer mehrere Speicher geben, damit ein erneuter Ausfall der Technik nicht erneut zum Verfall von Wissen führen kann.

Katerina Zdanov

»Die Restaurationsphase zeigte sich als ein einzigartiges Beispiel von internationaler Kooperation«

Geschichtsbuch-Eintrag:
Der Megarechner-Crash und seine Folgen

Durch einen totalen Ausfall des Megarechners im Jahr 2125, welcher den Verlust aller digitalen Daten und Informationen über die menschliche Kultur bedeutete, sahen sich die Staaten gezwungen, sich im Rahmen internationaler Kooperation für eine Wiederherstellung des verloren gegangenen Wissens zusammenzuschließen. Noch im selben Jahr des Computer-Ausfalls wurde die Internationale Vereinigung zur Wiederherstellung von Kultur- und Geschichtsdenkmälern gegründet, welche die »Phase der Restauration«, wie sie von Geschichtsforschern genannt wird, initiierte.

Die Mitgliedstaaten starteten eine Kampagne, für die Menschen rekrutiert wurden, um sogenannte Expertise-Gruppen zu bilden. Da keine digitale Kommunikation möglich war, mussten Menschen mit Wissen zu vorher definierten Themenbereichen lokal dazu aufgerufen werden, sich an dem Projekt zu beteiligen. Dafür arbeiteten Behörden mit Universitäten, Schulen, Vereinen und anderen Einrichtungen zusammen, um möglichst viele Leute für das aufwendige Projekt zu rekrutieren und eine Vielzahl an

Informationen sammeln zu können. Nicht nur akademisch ausgebildete Menschen wurden für das Projekt gewählt, sondern die Hilfe aller mit einer gewissen Menge an Kenntnissen zum Thema war gefragt – jede helfende Hand war willkommen. Von den Freiwilligen, welche dem Aufruf der Vereinigung folgten, wählte man diejenigen aus, die beispielsweise in der Forschung an einer Universität in ihrem Bereich schon bekannt waren. Auch andere, die zwar keine Experten waren, sich aber durch eigene Erfahrung in dem Feld und eine individuelle Perspektive auszeichneten, wurden aufgenommen, um zu dem Projekt beizutragen.

Die nun gebildeten Expertise-Gruppen bestanden aus Menschen, welche durch ihr Interesse an einem Themenbereich und den Wunsch, ihr Wissen zu bewahren, verbunden waren. Sie trugen ihre Kenntnisse zusammen, um das Verlorene dann so weit möglich rekonstruieren zu können. Um musikalische Kompositionen, Gemälde, Theaterstücke, literarische Werke und mehr zu rekonstruieren, finanzierten die Vereinigung sowie neu gegründete Fördervereine Instrumente, Werkzeug und Unterrichtsstunden für die Beteiligten.

Selbstverständlich war eine exakte Rekonstruktion nicht möglich, weshalb jedes nach 2125 entstandene Werk nun entsprechend gekennzeichnet wird, je nachdem, ob es eine Rekonstruktion ist, die auf einer bereits vorhandenen Idee basiert oder eine Originalkreation ist.

Nicht nur im Kulturbereich, sondern auch in der Wirtschaft und Naturwissenschaft wurden Restaurierungsprozesse eingeleitet und parallel zur Rekonstruktion der Denkmäler durchgeführt. Somit versuchte man, eine vollständige Stagnation in der Wirtschaft und der Produktion sowie in der Forschung zu vermeiden. Die Lücken, die sich bei der Rekonstruktion des naturwissenschaftlichen Bereiches bildeten, versuchte man durch eigene, praktische Forschung wieder zu füllen.

Um die Versorgung sicherzustellen, wurde weiterhin globaler Handel betrieben, jedoch mit weniger Mitteln als zuvor, um sich auf die Restaurierung des Wissens fokussieren zu können. Eine Alternative zur digitalen Kommunikation musste her, weshalb man sich meistens persönlich zu Meetings und Konferenzen traf. Wenn dies nicht möglich war, griff man auf das Briefeschreiben zurück. Dafür wurde die Papierproduktion wieder ins Leben gerufen und das Postsystem ausgebaut, um Briefe zu transportieren. Zwischen Ländern, die besonders oft korrespondierten, wurden sogenannte »heiße Drähte« eingerichtet, um eine schnellstmögliche Kommunikation über Brief zu ermöglichen.

Das Fortschreiten der Wirtschaft wurde in den Hintergrund gerückt, um die praktische Forschung in der Wissenschaft sowie die Arbeit an der Restaurierung zu finanzieren. Daher wurde die Wirtschaft erst in späteren Jahren wieder angekurbelt.

Die Restaurationsphase zeigte sich als ein einzigartiges Beispiel von internationaler Kooperation. Politische Auseinandersetzungen und Meinungsverschiedenheiten wurden beiseitegelegt in einem Moment, in dem ein Zusammenschluss der Länder nötig war, um nicht noch mehr Wissen zu verlieren. Dieser Zusammenschluss wurde durch Kampagnen gestärkt, die eine Beteiligung möglichst vieler Bürger bewirken sollten. Man konnte die Restaurierung nicht nur zum Beruf machen, sondern sich auch freiwillig durch Förderung des Projekts oder aktive Beteiligung in einem Club oder Verein für die Wissenschaft engagieren.

Nach einigen Monaten intensiver Forschung und technischer Arbeit war der Megarechner wieder funktionstüchtig. Während man diesen wieder zur Speicherung von Daten nutzte, wurden für Daten, die man als Kultur- beziehungsweise Geschichtsträger kategorisierte oder für wichtige bürokratische und politische Daten analoge Kopien angefertigt. Zu diesem Zweck erbaute man Archive, in welche die analogen Kopien verwahrt und bewacht wurden. Diese Archive sind nicht öffentlich zugänglich und nur zur Reserve vorhanden, falls der Megarechner ein weiteres Mal ausfällt.

Es gelang auch im weiteren Verlauf der Jahre nie, das verloren gegangene Wissen zu rekonstruieren. Forscher schätzen, dass nur etwa 15 Prozent des gesamten Wissens der Menschen rekonstruiert werden konnte. Die Gründer der Vereinigung sind sich dessen bewusst und versuchen nun, zumindest einem weiteren Datenverlust vorzubeugen. Dass man von nun an analoge Kopien von wichtigen Dokumenten anfertigt und diese sichert, zeigt, dass die Menschheit aus ihrem gravierenden Fehler gelernt hat und sich nun nicht mehr nur auf Technologie verlässt. Warum der Megarechner damals, 2125, abgestürzt war, lässt sich trotz ausgiebiger Nachforschungen bis heute nicht eindeutig klären.

Anna Ziegler

»Sie können sich nun nur noch an das Gefühl erinnern, welches sie beim Hören ihrer Lieblingsmusik verspürt haben«

Nach dem Ausfall des Megarechners brach auf unserem Planeten erst einmal Panik aus.

Wie sollen wir ohne die Daten, die über viele Jahrhunderte hinwegreichen, überleben? Wir konnten nicht einfach ins Internet gehen, wenn wir etwas nicht wissen und konnten uns nur auf das verlassen, was unser Gedächtnis gespeichert hat. Viele Fragen, auf die auch die Politik erst mal keine Antwort hat.

Der Alltag der Menschen blieb erst mal unverändert. Sie gingen zur Arbeit, zur Schule oder zur Uni und ihren Lieblingsbeschäftigungen nach.

Nach ein paar Monaten breitete sich erneut Panik aus. Die Lebensmittel in den Supermärkten wurden knapp und die Produktion kam nicht hinterher. Durch den Ausfall des Superrechners konnte man nicht mehr auf Bedienungs- und Bauanleitungen zugreifen, sodass kaputte Maschinen nicht repariert und auch keine neuen gebaut werden konnten. Viele waren mit der Situation überfordert und die Politik musste sich um so viele Dinge gleichzeitig kümmern, dass es nicht wirklich voranging. Viele Menschen wussten nicht mehr, wie man zum Beispiel Obst und Gemüse anbaut und auch die Landwirtschaft existierte nur noch auf wenigen Teilen unserer Erde.

Die Lösung des Lebensmittelproblems lag für einige Menschen auf der Hand. Lernen, wie man seine Lebensmittel selbst anbaut und herstellt. Dafür reisten einige Menschen in ländliche Gebiete, um von den Bauern und Gärtnern zu lernen. Die Menschen waren froh, wenn sie die notwendigsten Dinge zum Leben hatten und waren dankbar für die Unterstützung der Landwirte und Bauern.

Durch die Veränderung in der Nahrungsproduktion siedelten viele Menschen aufs Land um. Aufgrund fehlenden Wissens entstanden natürlich keine pompösen Häuser, aber sie reichten aus, um anständig darin leben zu können. Wenn man es genau nimmt, wurde die Menschheit teilweise in die Vergangenheit zurückgeworfen. In eine Zeit ohne Technik, Internet und mobile Endgeräte. Wo jegliche Art von Kommunikation einzig und allein durch Gespräche stattfand.

Die Politik wurde nach dem Ausfall des Rechners natürlich sehr gefordert und war am Anfang logischerweise überfordert mit der Situation. Es hatte schließlich keiner damit gerechnet, dass der Megarechner jemals ausfällt.

Deswegen traf die Politik vorerst keine Entscheidungen und erntete heftige Kritik der Bevölkerung. Um das Problem in den Griff zu bekommen, trafen sich Politiker aus aller Welt und berieten über das weitere Vorgehen. Es waren Menschen, die schon vorher in der Politik aktiv waren, aber auch welche, die dabei helfen wollten, die Welt wiederaufzubauen. Bei diesem Treffen wurde schließlich auch die Umstrukturierung der Schulen und Unis beschlossen.

Man lernt nun in den Schulen allerdings nur Dinge, die später im Leben wichtig sind und auch gebraucht werden. Am Anfang lernt man natürlich die Grundlagen in Deutsch, Mathe und Englisch. Schließlich sollte die Bevölkerung der Erde lesen, schreiben und rechnen können. Englisch als Weltsprache ist weiterhin etabliert und deswegen besonders wichtig, um sich verständigen zu können. Allerdings gibt es auch andere Fächer, die wichtig für die Zukunft sind. Es gibt Handwerk, Gärtnerei, Musik. Die Politik hatte entschieden, dass es nach dem Ausfall des Megarechners in Zukunft Menschen geben muss, die wissen, wie gewisse Dinge funktionieren. Auch an den Unis wird dieses Konzept fortgeführt. So wird in den Studiengängen das Wissen vertieft, welches man in der Schule schon mit auf den Weg gegeben hat. Wenn jetzt ein Schüler oder eine Schülerin sehr an dem Bau von Maschinen interessiert ist, belegt er oder sie nach der Schule den Studiengang Maschinenbau, um so gewährleisten zu können, dass Maschinen weiterhin existieren. Durch die professionell ausgebildeten Studierenden konnte die Produktion von Lebensmitteln nach ein paar Jahren wiederaufgenommen werden und so musste man seine ganzen Lebensmittel nicht mehr selbst anbauen.

Durch Fehlen des Internets konnte man für sich selbst als Mensch testen, was man alles alleine schaffen kann. Kann man zum Beispiel alleine seine Wäsche waschen oder muss man im Internet nachschauen, wie eine Waschmaschine funktioniert? Kann man sich sonst Hilfe von anderen holen, also Nachbarn oder Freunde um Rat fragen?

Natürlich kann man das. Niemand hat gesagt, dass man komplett auf sich alleine gestellt ist. Es war in dieser Zeit wichtig, sich gegenseitig zu helfen und einander beizustehen. Früher hat man sich auch gegenseitig geholfen und Hilfe in Anspruch genommen.

Für viele ist das Leben ohne den Megarechner nicht leicht. Menschen, die gerne Musik gehört haben, müssen ohne Musik leben, außer jemand Bekanntes kann ein Instrument spielen. Man kann seine Lieblingsfilme nicht mehr schauen, keine Bücher mehr lesen.

Für einige Menschen sind diese Dinge ein großer Bestandteil ihres Lebens. Jetzt, wo man keinen Zugriff mehr darauf hat, fehlt ihnen etwas. Sie können sich nun nur noch an das Gefühl erinnern, welches sie beim Hören ihrer Lieblingsmusik, beim Schauen ihres Lieblingsfilms oder beim Lesen ihres Lieblingsbuches verspürt haben.

Das Wichtigste war in den letzten 20 Jahren allerdings die Kommunikation der Menschen. Durch den regen Austausch haben wir uns alle gegenseitig geholfen und sind an der Situation gewachsen.

Jetzt stehen Wissenschaftler kurz davor, den Megarechner wieder in Gang zu bringen. Allerdings hat sich mittlerweile einiges verändert und das Internet wird nicht mehr so häufig benutzt wie zu der Zeit, als der Megarechner noch nicht kaputt war.

Und wie sieht Ihr Szenario aus?